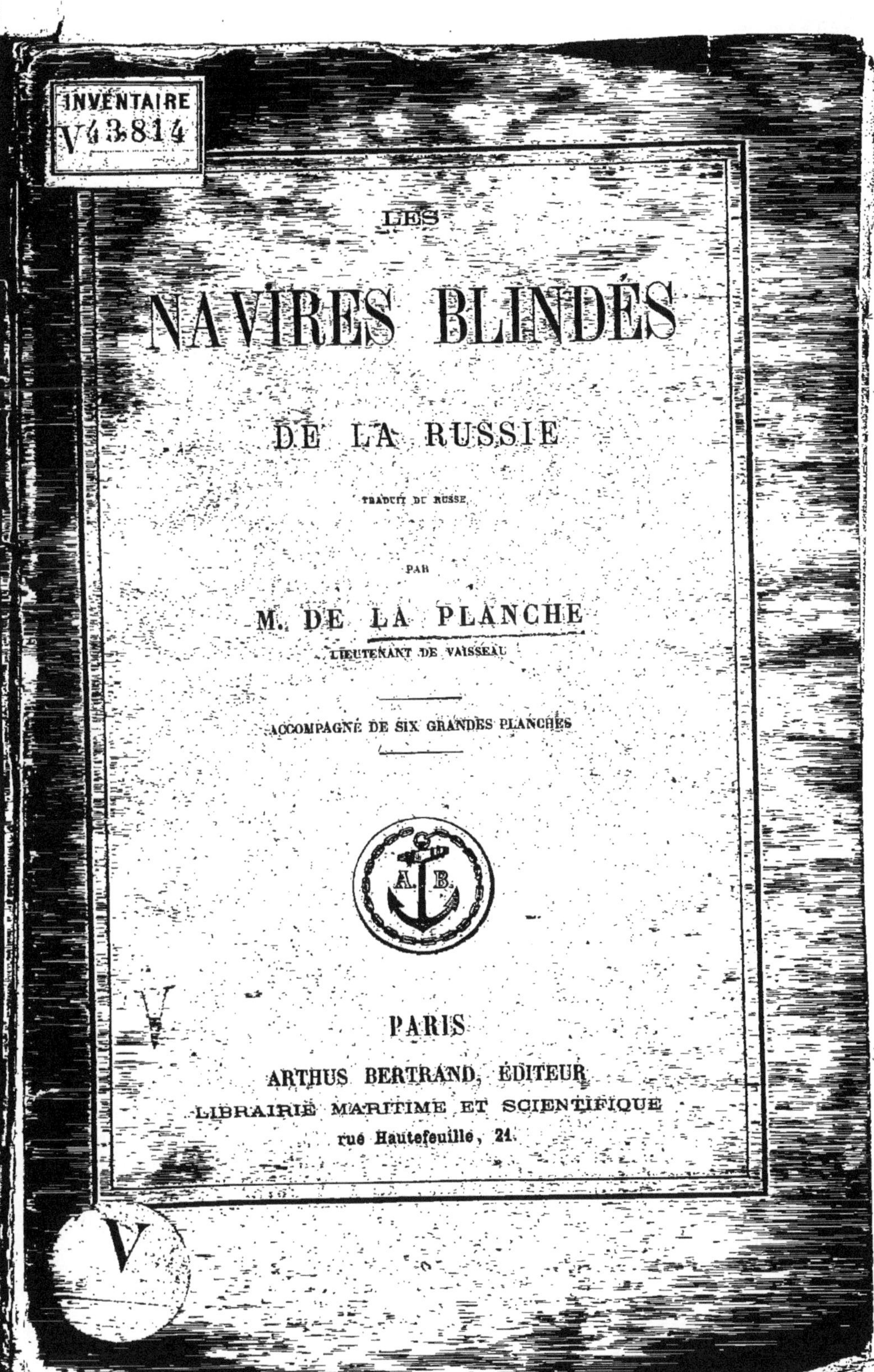

LES
NAVIRES BLINDÉS

DE LA RUSSIE

TRADUIT DU RUSSE

PAR

M. DE LA PLANCHE

LIEUTENANT DE VAISSEAU

ACCOMPAGNÉ DE SIX GRANDES PLANCHES

PARIS

ARTHUS BERTRAND, ÉDITEUR

LIBRAIRIE MARITIME ET SCIENTIFIQUE

rue Hautefeuille, 21

ARTHUS BERTRAND, ÉDITEUR, A PARIS,

LIBRAIRIE MARITIME ET SCIENTIFIQUE

21, RUE HAUTEFEUILLE.

L'ART NAVAL

ÉTAT ACTUEL DE LA MARINE

PAR

M. LE VICE-AMIRAL PÂRIS

DIRECTEUR GÉNÉRAL DU DÉPÔT DES CARTES ET PLANS DE LA MARINE,
MEMBRE DE L'INSTITUT; ACADÉMIE DES SCIENCES.

NAVIRES CUIRASSÉS — BLINDAGES — CONSTRUCTION —
TACTIQUE DE COMBAT — PAQUEBOTS — EMBARCATIONS, VOILURES,
DÉTAILS DIVERS — MACHINES MARINES — PROPULSEURS —
ARTILLERIE NOUVELLE

Un volume in-4, imprimé sur papier vélin fin et accompagné d'un bel Atlas
renfermant 21 planches in-folio gravées.

PRIX : 20 FRANCS

PROSPECTUS

La marine produit des inventions si remarquables et montre aujour-
d'hui des perfectionnements et des nouveautés tellement importantes pour
la navigation comme pour la guerre, qu'il est aussi curieux qu'instructif
d'étudier les navires qui ont changé depuis peu les anciennes conditions
des voyages sur mer et qui ont dépassé ce qui semblait être les limites du
possible.

La matière elle-même a été changée, et le bois employé depuis tant de siècles à construire les navires s'est vu en peu d'années remplacé par le fer.

Jamais époque maritime n'a été témoin de telles transformations, sous l'influence de l'échange rapide des idées et surtout de la puissance de la machine à vapeur, qui, elle aussi, grandit toujours; à peine croit-on ses limites posées qu'elle les dépasse presque aussitôt.

Une grande partie du nouvel ouvrage de l'amiral PÂRIS est consacrée aux navires cuirassés qui, nés depuis peu de l'initiative hardie de la France, changent tout à coup les conditions de la guerre et de la navigation, déjà modifiées par la vapeur. Cette lourde protection bouleverse nos anciens vaisseaux; elle place sur leurs flancs les poids situés autrefois vers le haut et modifie leurs qualités. Par la manière dont cette cuirasse fera combattre, elle supprime les voiles et réduit le navire à son combustible; six jours à toute vitesse! Elle localise donc la guerre maritime. Jamais époque maritime ne se montra plus extraordinaire et surtout n'apparut plus brusquement.

Mais ce qui a été fait n'a pas de bases certaines; car tandis que d'un côté on fait plier les vaisseaux sous leur cuirasse, de l'autre on invente des canons qui percent des plaques de plus en plus épaisses, et qui rendront le navire cuirassé de mer presque impossible, s'ils réussissent en pratique comme dans leurs courtes et récentes expériences.

Il a donc été intéressant, pour la marine, de réunir et de discuter tout ce que l'on sait sur ces nouvelles questions, et de consacrer la plus grande partie de ces pages au *premier* chapitre destiné aux navires cuirassés. Le *second* s'occupe des paquebots et cite les plus remarquables, en les détaillant assez pour les faire apprécier. Le *troisième* est destiné aux embarcations et à l'examen de divers accessoires. Le chapitre *quatrième* est consacré aux machines à vapeur marines et fait connaître l'application sur les navires des appareils du système de Woolf, pour réaliser des économies de combustible si importantes sur mer au point de vue de la dépense comme du rayon d'action des bâtiments à vapeur. Les propulseurs forment le chapitre *cinquième*. Enfin l'*artillerie nouvelle*, expériences et résultats, forme le dernier chapitre.

SUPPLÉMENT A L'ART NAVAL, OU DERNIÈRES INVENTIONS MARITIMES, d'après des documents récents. In-8 accompagné d'une table alphabétique des matières avec renvoi aux numéros, et de onze grandes planches gravées.   4 fr. 50 c.

Navires à tourelle du capitaine Coles. — Navires à tourelle américains. — Navires partiellement cuirassés de M. Read. — Navires à réduit du capitaine Symonds. — Manœuvre mécanique des canons, par le capitaine Cunningham. — Canon sous marin du capitaine Coles. — Le Royal Sovereing. — L'Entreprise. — Dernières expériences, etc., etc.

ON TROUVE CHEZ LE MÊME LIBRAIRE.

PÂRIS, vice-amiral. — DICTIONNAIRE DE MARINE A VAPEUR. — *Nouvelle édition.*

Propriétés physiques de la chaleur et de la vapeur, tables.	Conduite, dressage et entretien des machines.
Nature et propriété des métaux, tables.	Appareils destinés à modérer la puissance des machines.
Physique et chimie appliquées.	Mécanismes de changement de marche.
Combustibles, leur qualité, leur emploi.	Roues à aubes, pales fixes et articulées.
Conduite des feux et surveillance.	Hélices, construction graphique et formes différentes.
Forges et métallurgie.	Accessoires de l'hélice et détails.
Types de toutes les machines à vapeur.	Hélices fixes, hélices amovibles.
Puissance des machines à vapeur.	Pompes, leurs diverses espèces.
Description des machines à vapeur.	Avaries et réparations.
Détail de toutes leurs pièces.	Batteries flottantes et navires cuirassés.
Chaudières, foyers, cheminées, chauffage.	Navires à vapeur, mixte et en fer.
Outils divers pour les machines.	Navigation par la vapeur.
Fonderies, tour, ajustage.	Machines à vapeur combinées.
Machines-outils.	Machines à air chaud.
Confection et montage des machines.	Notices historiques sur les principaux inventeurs.

Cette nouvelle édition forme un très-fort volume in-8 jésus accompagné de 19 grandes planches gravées sur acier. 22 fr.

— CATÉCHISME DU MARIN ET DU MÉCANICIEN A VAPEUR, ou traité des machines à vapeur marines, de leur montage, de leur conduite, de la réparation de leurs avaries; 2ᵉ édition augmentée de la manœuvre des navires à aubes ou à hélice et d'une grande table alphabétique de tous les articles, avec renvoi aux numéros où ils sont traités. In-8 grand raisin avec de nombreuses figures dans le texte. 16 fr.

Ouvrage publié sous les auspices de S. Exc. M. le Ministre de la marine.

— TRAITÉ DE L'HÉLICE PROPULSIVE. 1 vol. in-8 jésus de 580 pages avec 9 grands tableaux et figures dans le texte, suivi d'une table alphabétique de tous les articles avec renvoi aux numéros où ils sont traités, accompagné de 16 grandes planches gravées. 22 fr.

Ouvrage publié sous les auspices de S. Exc. M. le Ministre de la marine.

— UTILISATION ÉCONOMIQUE DES NAVIRES A VAPEUR, moyens d'apprécier les services rendus par le combustible suivant la vitesse et la dimension des navires. 1 vol. grand in-8 accompagné de 25 tableaux et 12 grandes planches gravées, exposant les résultats des expériences et du service à la mer des navires. 8 fr.

ALONCLE, ancien élève de l'École polytechnique, capitaine d'artillerie de marine.— ÉTUDES SUR L'ARTILLERIE RAYÉE DE MARINE, CONDITIONS INDISPENSABLES AU CANON DESTINÉ AU SERVICE DE LA FLOTTE, l'artillerie rayée en France et en Angleterre. Opinions du commandant Robert Scott, du capitaine Frishbourne et de sir Williams Armstrong sur le meilleur canon pour la marine. Dernières expériences de Shœburyness. Résultats. Conclusion Suivi de notes et de tableaux comparatifs. In-8 accompagné de 4 grandes planches gravées. 5 fr.

DE FREMINVILLE, ingénieur de la marine, professeur à l'École du génie maritime.— COURS PRATIQUE DE MACHINES A VAPEUR MARINES, professé à l'École d'application du génie maritime. 1 très-fort vol. grand in-8, avec figures dans le texte, accompagné d'un atlas renfermant 100 planches. 55 fr.

L'atlas se compose de 90 planches gravées, grand in-folio, représentant l'ensemble des machines et tous leurs détails, avec les cotes exactes à chaque pièce et 8 grands tableaux numériques de comparaison donnant la dimension juste et précise de chaque pièce. Pour chacune d'elles, l'auteur a établi la charge par centimètre carré qu'elle supporte d'un fonctionnement régulier. Ce travail, de la plus grande utilité, n'avait jamais été publié jusqu'à présent.

— TRAITÉ PRATIQUE DE CONSTRUCTION NAVALE. 1 fort vol. in-8 accompagné de nombreuses figures dans le texte et d'un atlas grand in-folio renfermant 14 planches gravées. 23 fr.

Première partie. — Tracé des plans de navire et calculs qui s'y rapportent.
Deuxième partie. — Construction en bois.
Troisième partie. — Constructions en fer.

Donnant chacune la description très-détaillée des derniers types et des derniers modèles adoptés dans la construction navale, avec tous leurs accessoires.

DE LA PLANCHE, lieutenant de vaisseau.— NOUVELLES BASES DE TACTIQUE

NAVALE DES BATIMENTS A VAPEUR, ouvrage traduit du russe de l'amiral *Boulakoff*, 1 vol. in-8, avec de nombreuses figures dans le texte, et accompagné de 26 planches gravées, dont une grande partie en couleurs. 15 fr.

Ouvrage publié par les ordres de S. Exc. M. le Ministre de la marine.

MERLIN, maître voilier, chargé de la voilerie à Toulon. — **TRAITÉ PRATIQUE DE VOILURE**, ou exposé des méthodes simples et faciles pour calculer et couper toutes espèces de voiles. 1 vol. in-8, avec figures dans le texte, et accompagné de nombreux tableaux de coupes de laizes, de toiles, etc., etc., et de 7 grandes planches gravées. 5 fr.

Première partie. — Du plan de voilure et de ce qui est relatif aux dimensions des voiles.
Deuxième partie. — Du tracé et de la coupe des voiles.
Troisième partie. — Confections, réparations et modifications des voiles.

DELACOUR, ingénieur de la marine et directeur des constructions navales des Messageries impériales. — **ETUDE SUR LES MACHINES A VAPEUR MARINES ET LEURS PERFECTIONNEMENTS**, surchauffe de vapeur, grandes détentes, condensation par surface, haute pression, etc. Brochure in-8 avec figures. 2 fr.

DU TEMPLE, capitaine de frégate, directeur de l'École des mécaniciens, à Brest. — **COURS COMPLET DE MACHINES A VAPEUR MARINES**, fait à Brest aux mécaniciens de la marine. 2 vol. grand in-8 accompagnés de 2 atlas renfermant 36 planches gravées.

TOME PREMIER, avec un atlas de 13 planches. 7 fr. 50 c.
Arithmétique complète. — Géométrie. — Mécanique. — Physique. — Scaphandre.
TOME SECOND, avec un atlas de 23 planches. 13 fr. 50 c.
Exposition générale des machines à vapeur. — Description. — Montage. — Conduite. — Travail. — Entretien et réparations. — Historique. — Tableaux divers.

GARRAUD, capitaine de frégate. — **ÉTUDES SUR LES BOIS DE CONSTRUCTION**. 1 beau vol. in-18 accompagné de figures dans le texte. 3 fr. 50 c.

Formation de végétaux. — Vie des arbres. — Terrains. — Coupe. — Dessiccation. — Écorcement. — Vices des bois. — Qualités des bois. — Monographie des bois durs, résineux, bois blancs et bois fins. — Cubage des bois en grume, équarris, courbes. — Dendromètre. — Résistance des bois. — Conservation des bois. — Extraction des forêts. — Règles générales de recette des bois de mâture. — Tableau de l'âge moyen des arbres au moment de la coupe la plus avantageuse. — Tableau de la hauteur des arbres de leur croissance annuelle et des terrains qui leur conviennent. — Tableau représentant les indices qui signalent les défectuosités des bois et l'influence des vices sur l'emploi ou le rejet d'une pièce. — Modèles de marchés avec le ministère de la marine.

BOURGOIS, capitaine de vaisseau. — **RÉFUTATION DU SYSTÈME DES VENTS DE MAURY**. In-8 accompagné de 3 planches gravées. 4 fr. 50 c.

REECH, directeur de l'École du génie maritime. — **MÉMOIRE SUR LES MACHINES A VAPEUR** et leur application à la navigation. 1 vol. in-4 accompagné d'un grand atlas in-folio. 30 fr.

Faits d'expérience. — Théorie ordinaire. — Des machines à haute pression. — Des explosions et des dépôts salins ou terreux dans les chaudières. — De l'emploi des roues à aubes. — De la forme des bateaux à vapeur et de leurs dimensions absolues. — Des perfectionnements généraux à apporter dans le mécanisme.

GUILLOUD, professeur de mathématiques. — **COURS DE COSMOGRAPHIE**. 1 vol. in-8 avec planches. 3 fr.

LETOURNEUR, lieutenant de vaisseau. — **NOUVEAU GOUVERNAIL DE FORTUNE**. Broch. in-8 accompagnée d'une planche lithographiée. 1 fr. 50 c.

DUBOIS, professeur à l'École navale impériale. — **COURS DE NAVIGATION ET D'HYDROGRAPHIE**. 1 très-fort vol. grand in-8 renfermant plus de 200 grandes figures intercalées dans le texte et 9 planches gravées. 15 fr.

De la boussole. — Des connaissances des temps. — Du cercle à réflexion. — Du sextant et de l'octant. — Des erreurs d'observations. — Des chronomètres. — Les régler. — Détermination de l'heure vraie ou moyenne d'un lieu à l'aide d'une hauteur du soleil ou d'un autre astre. — Détermination de la latitude et de la longitude. — Déterminer la variation du compas. — Des courants. — Des cartes marines.

Géodésie. — Détermination des positions géographiques des sommets principaux du canevas géodésique. — Du nivellement géodésique. — Lever d'une carte marine et d'un plan hydrographique. — Détails topographiques.

Paris. — Imprimé par E. TAUNOT et Cᵉ, rue Racine, 26.

LES
NAVIRES BLINDÉS

DE LA RUSSIE

TRADUIT DU RUSSE

PAR

M. DE LA PLANCHE

LIEUTENANT DE VAISSEAU

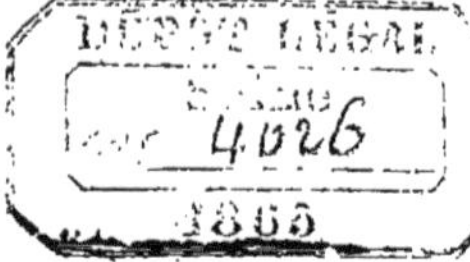

ACCOMPAGNÉ DE SIX GRANDES PLANCHES

PARIS

ARTHUS BERTRAND, ÉDITEUR

LIBRAIRIE MARITIME ET SCIENTIFIQUE

rue Hautefeuille, 21.

1865

LES

NAVIRES BLINDÉS DE LA RUSSIE[1].

Jamais il n'y eut un aussi grand nombre de types de navires de guerre. Depuis l'époque où l'ingénieur français Dupuy de Lôme, construisit ses premiers navires blindés, en 1858, jusqu'au temps présent, c'est-à-dire dans un intervalle qui ne dépasse pas six années, on en compte au moins douze, soit en Angleterre, en France ou en Amérique. Comme il arrive toujours pour les innovations, on ne sait où s'arrêter, ni quelles formes de navires adopter. Les plans et les inventions abondent, la nécessité force à les utiliser et à construire des bâtiments par douzaines, sans données certaines sur les résultats que l'on obtiendra, parce que pour obtenir ces données et choisir des types il faut du temps, la guerre et des expériences sérieuses. Voilà pourquoi, en jetant un coup d'œil sur les navires blindés de l'Europe, nous rencontrons des formes si diverses, entre lesquelles, jusqu'à présent, il nous serait impossible de faire un choix. La navigabilité des bâtiments cuirassés dans les mers intérieures et dans les océans n'est pas non plus définitivement résolue, et quand un bâtiment de cette espèce sort d'un port, non-seulement le monde maritime, mais l'Europe entière suit ses expériences avec intérêt. Il est en outre fort difficile de connaître les chiffres positifs et les résultats obtenus dans ces sortes d'expériences qui paraissent toujours réussir à merveille. Les journaux, seule source où l'on puisse trouver quelques renseignements, racontent ce qui con-

---

1. Extrait du *Morskoi Sbornik* (revue maritime russe).

vient le mieux à leur amour-propre ou ce qu'on leur a ordonné de dire; de sorte que, dans cette grande transformation des flottes, chaque nation maritime travaille isolément.

La rapidité avec laquelle les constructions blindées se succédaient en Angleterre, les commandes nombreuses pour des navires de ce genre faites aux usines de ce pays, et, plus tard, le combat de *Hampton-Roads*, attirèrent l'attention du gouvernement russe, et le convainquirent de la nécessité de se pourvoir aussi d'une flotte cuirassée. Le 19 juin 1861, il fut résolu de commander en Angleterre une batterie blindée de 300 chevaux, et le 16 novembre, un marché à cet effet fut passé avec la compagnie des *Thames iron Works*. Cette batterie, le *Pervenetz* [1], doit être considérée comme le premier des cuirassés russes; l'*Opouit* [2], porté au catalogue officiel parmi les navires de ce genre, et lancé en 1861 des chantiers de l'usine de M. Karr et Mac-Pherson, à Saint-Pétersbourg, ne mérite pas ce nom. Dans la suite, le nombre des constructions blindées augmenta peu, jusqu'au moment où l'insurrection polonaise, menaçant la Russie d'une guerre avec les puissances occidentales, 10 bâtiments nouveaux furent mis du même coup sur chantier. Dans l'été de 1864, ils ont été tous successivement lancés. Au 1er janvier de 1865, la Russie compte à flot : 1 frégate, 2 batteries, 1 canonnière à deux tours, 10 monitors à une seule tour; et sur chantier : 1 frégate et 1 batterie; en tout, à l'eau, 14; et en comptant les bâtiments en chantier, 16.

FRÉGATES.

Le *Sébastopol* et le *Pétropavlosk*. — Ces deux frégates sont en bois, de 1re classe ; elles ont été transformées en navires cuirassés avant d'avoir été achevées.

La construction du *Sébastopol* a commencé à Kronstadt, le 7 septembre 1860 ; le 26 juin 1861, l'ordre arrivait de la blinder. Voici ses dimensions avant et après la transformation :

	Avant la transformation.	Après la transformation.
Longueur de la flottaison	300 p. [3]	300 p.
Largeur sans le bordé	49	49
Bordé (8 pouces)	1 4 po.	1 4 po.
Bordage diagonal	»	1

---

1. *Le premier né.*
2. *L'essai.*
3. Pieds anglais de 0m3048.

Blindage (4 p. 1/2)............................	»		»	9 po.
Largeur totale............................	50	4 po.	52	1 po.
Tirant d'eau à l'arrière..................	23	6	26	
id. à l'avant..................	21	6	24	
Surface totale du maître-couple.........	11,890 pc.		12,790 pc.	
Déplacement............................	5,212 ton.		6,257 ton.	

Le 16 octobre 1863, cette frégate fut conduite dans le dock sud de Pétrovski, où on commença à la revêtir de son blindage ; à la fin de juillet 1864, tout était terminé : la frégate quittait le dock le 12 août et le 8 octobre elle sortait du port pour essayer ses machines. Ses plaques proviennent de l'usine Brown et Cᵉ, à Sheffield. Les quatre morceaux de fer qui forme son éperon ont été forgés à l'usine impériale d'Ijora. Le nombre des plaques est de 314, pesant environ 860 tonneaux.

Dans la partie avant, en travers du navire, pour le préserver de l'enfilade, on a élevé une cloison blindée avec 2 sabords. Le blindage a 4 pouces 1/2 au milieu du navire ; à 50 pieds de l'étrave, cette épaisseur tombe graduellement à 4, 3 1/2 et 3 pouces. L'épaisseur du doublage, en teck, est de 10 pouces au milieu, et de 6 pouces aux extrémités. Le chevillage de la partie de la coque, au-dessous de l'eau, est en cuivre, au-dessus, en fer.

Les sabords de la batterie ont la même élévation et la même hauteur au-dessus du pont que les anciens ; la frégate ayant été percée pour porter du 60, soit 2 pieds au-dessus du pont et 3 pieds 4 pouces de hauteur. Quant à la largeur, comme dans les blindés anglais, elle est de 2 pieds à l'extérieur et de 4 à l'intérieur. L'épaisseur de la muraille entre les sabords est de 2 pieds 6 pouces. Cette frégate sera armée de 16 canons d'acier, rayés, de 8 pouces.

La machine du *Sébastopol* est de 800 chevaux ; elle a été faite dans l'usine impériale d'Ijora. L'hélice est à deux ailes ; elle ne se remonte pas, la frégate ne devant avoir que quelques voiles goëlettes qui rendront toujours la machine nécessaire. L'absence de puits à d'ailleurs permis de rendre l'arrière beaucoup plus solide, ce qui est très-important pour un navire blindé.

La transformation de la frégate a coûté environ 3,960,000 fr. ; la machine revient à 1,249,204 fr.

La construction de la frégate *Petropavlosk* avait commencé le 12 janvier 1861 ; le 29 octobre, ordre fut donné de la cuirasser. Cette frégate a été construite sur les mêmes plans que le *Sébastopol*, et voici ses principales dimensions après la transformation :

Longueur	298 pieds.	
Largeur	55	8 po.
Déplacement	6,040 ton.	
Tirant d'eau à l'avant	23 p.	2 po.
id. à l'arrière	25 p.	
Hauteur des abords, au-dessus de la ligne de flottaison en charge.	7 p.	

Elle était déjà montée en bois tors, lorsqu'il fut résolu de la cuirasser. Pour augmenter son déplacement, afin de ne pas la surcharger par le poids des plaques, on élargit sur place la membrure de 4 pieds 1/2. Ce qui donna une augmentation de capacité de 760 tonneaux.

Les plaques de cette frégate viennent également de la maison anglaise Brown et Ce. Les morceaux du bélier se forgent à l'usine impériale d'Ijora. L'épaisseur de la cuirasse est de 4 pouces 1/2 jusqu'à 50 pieds des extrémités ; elle tombe alors à 4 pouces, et en s'avançant vers l'étrave, à 3 1/2 ; à 3 pouces derrière ; sous l'arcasse, à 2 pouces. Le soufflage est en teck ; au milieu, il a 10 pouces ; aux extrémités, 5 pouces. A l'avant, de même que dans le *Sébastopol*, il y aura une cloison blindée en travers, avec 2 sabords de chasse, et, un peu en arrière du grand mât, une tour pour le commandant et l'homme de barre. Les plaques du blindage sont placées sur un feutre peu épais ; elles descendent jusqu'à 5 pieds au-dessous de flottaison. Le doublage en cuivre, commence à 3 pouces au-dessous des plaques ; l'intervalle est rempli par une tringle en sapin. La partie supérieure de l'étrave de la frégate est recourbée en arrière, pour ne pas gêner l'action de l'éperon. Pour cette même raison, le navire n'aura pas de beaupré.

Les barreaux du pont supérieur et de la batterie sont en fer; les ponts reposent sur des feuilles de tôle de 1/2 pouce d'épaisseur en abord, et de 1/4 de pouce au milieu.

L'armement de la frégate consistera en 24 canons rayés d'acier de 8 pouces.

La machine, de 800 chevaux, se construit à l'usine de M. Bird, à Saint-Pétersbourg. L'hélice est à 4 branches, et ne peut être remontée. Ce genre d'hélice a été choisi, parce qu'il donne moins de vibrations qu'une hélice à deux ailes, ce qui est extrêmement important pour un bâtiment cuirassé.

La frégate, le blindage compris, reviendra à 5,680,452 fr., et la machine à 1,682,280 fr.

Pour ne pas avoir à craindre des circonstances comme celles dans lesquelles se trouva le *Prince-Consort*, dans son voyage de

Plymouth à Liverpool, on a changé sur les deux frégates le système anglais pour l'évacuation de l'eau de la batterie, consistant en un grand tube collecteur muni de gouttières intérieures, débouchant au-dessous des plaques; et l'on est revenu à l'ancien système. Les dalots traversent la membrure et les plaques, et débouchent au-dessus de l'eau en aussi grand nombre que pour les frégates anciennes. Pour diminuer les roulis, des quilles latérales ont été placées de chaque côté.

BATTERIES.

Le *Pervenetz*. — Cette batterie a été construite en Angleterre sur les chantiers de la compagnie *Thames iron Works*. Voici ses dimensions principales :

Longueur extrême.....	220 pieds.
Longueur sur le pont...	192 »
Largeur..............	53 »
Creux...............	26 » 6 po.
Tirant d'eau moyen.....	14 » 6 »
Déplacement..........	3 227 tonneaux.
Force de la machine.....	300 chevaux.

Elle a été lancée en mai 1862, et comme les circonstances exigeaient qu'elle fût amenée au plus tôt à Kronstadt, aussitôt que sa machine fut montée, elle partit d'Angleterre, convoyée par les frégates *Oleg* et *General-Amiral*, et arriva à Kronstadt le 5 août, après onze jours et demi de traversée. Les travaux à terminer consistaient en 49 plaques de blindage pour la coque qui restaient à poser, 8 plaques pour la tourelle de commandement, et divers travaux d'aménagement, de forge et de peinture, qui furent faits à Kronstadt par des ouvriers envoyés des ateliers où la batterie avait été construite.

Le blindage de cette batterie s'étend de l'avant à l'arrière avec une épaisseur de 4 1/2 pouces au milieu, et de 4 pouces aux extrémités. Les plaques ont été faites dans la même usine que le navire. Le blindage est posé sur un soufflage en teck de dix pouces d'épaisseur et descend à quatre pieds au-dessous de la flottaison. Les barreaux sont en fer ; les ponts reposent sur des feuilles de tôle de 1/4 de pouce d'épaisseur et le vaigrage dans la batterie est recouvert d'une ceinture en fer de 5/8 de pouce d'épaisseur. L'avant rentre beaucoup, pour faciliter l'action de l'éperon ; l'arrière a la même forme que l'avant ; la rentrée est considérable afin de diminuer l'action des boulets, et commence à partir de la flottaison.

Elle sera armée de 14 canons d'acier de 8 pouces; en attendant que cet armement soit prêt, elle a du 60 n° 1.

La machine, à 3 cylindres et à condenseur, de 300 chevaux, a été faite dans les ateliers de Maudsley et Field, en Angleterre.

Le navire a coûté 3,915,912 fr. dont 604,396 fr. pour la machine.

Netrone Ménia[1]. — Cette batterie a été construite à Saint-Pétersbourg, sur l'île Galerna, par le constructeur anglais Mitchell, en vertu d'un marché passé le 19 mars 1862. La construction a commencé le 18 janvier 1863, le bordage a été mis en place le 19 novembre et le navire a été lancé le 11 juin 1864. Les dimensions principales sont :

Longueur maximum............	220	pieds.
Longueur du pont.............	192	»
Largeur......................	53	»
Profondeur...................	26	» 7 pouces.
Déplacement..................	3 340	tonneaux.
Tirant d'eau moyen............	15	pieds.

Ce bâtiment cuirassé est fait sur les plans du *Pervenetz*, avec quelques changements dont le plus important consiste en ce que la rentrée ne commence pas à partir de la ligne de flottaison, mais à quelques pieds au-dessus, et, par suite, le blindage, dans la partie perpendiculaire, a 5 pouces 1/2 d'épaisseur au lieu de 4 1/2. Le nombre des plaques est de 202 ; elles ont été fournies par la maison Brown, de Sheffield. Une autre modification du plan primitif consiste dans le tirant d'eau, qui est de 6 pouces plus considérable pour cette batterie que pour le *Pervenetz*. Cet accroissement est dû au poids plus grand de la machine, de 450 chevaux, de la première, et à un approvisionnement plus lourd en charbon, le poids de l'armure restant le même pour les deux navires. On avait pensé d'abord à faire l'éperon d'un seul morceau; mais comme il devait être confectionné à New-Castle, la difficulté du transport d'un pareil morceau de fer a fait renoncer à ce dessein. Il est formé de deux parties forgées à l'usine de M. Morrison, de New-Castle. Les lignes de l'arrière sont les mêmes que celles du *Pervenetz*. Pour diminuer autant que possible les roulis occasionnés par la forme arrondie du maître couple, on a placé sous la carène deux quilles latérales en fer, de 20 pieds de long sur 12 pouces 1/2 de large.

---

(1) Ne me touche pas.

Le gréement de cette batterie sera le même que celui de la précédente, à l'exception des mâts qui seront en fer. Elle sera armée de 15 pièces rayées en acier de 8 pouces. Pour le moment, ces canons n'étant pas prêts, elle porte en batterie, 20 pièces de 60, n° 1.

La machine, de 450 chevaux, provient du vaisseau *Constantin* : elle a été fabriquée en Angleterre à l'usine Humphrey, et visitée et réparée dans les ateliers de Bird, à Saint-Pétersbourg.

La coque de cette batterie a coûté 2,997,160 fr. ; la visite et les réparations de la machine, 211,720 fr.

Le *Kremlin*. — Le 19 novembre 1862, on résolut de faire construire, par une maison russe, une troisième batterie sur les plans des deux premières, avec certaines modifications reconnues nécessaires, et le 8 avril 1863, un contrat fut passé dans ce but avec MM. Semiannikov et Poletika, propriétaires de la fonderie de la Néva et d'une usine, à Saint-Pétersbourg. Les dimensions principales de ce bâtiment sont le suivantes :

Longueur extrême..............	221 pieds.	
Longueur du pont..............	194 »	3 po.
Largeur, le blindage compris.....	53 »	
Profondeur sous le pont supérieur.	27 »	
Déplacement..................	3,412 tonneaux.	

Les changements faits aux plans des deux premières batteries sont les suivants :

1° Comme on avait le projet d'armer les trois batteries avec des canons rayés de 8 pouces, et la direction d'artillerie trouvant que les sabords étaient trop bas à bord des deux premières, il fut résolu que ceux du *Kremlin* seraient modifiés, et que la face supérieure serait élevée de 1/2 pied.

2° Pour ne pas diminuer l'efficacité du tir des gros canons qu'on veut placer sur cette batterie, les murailles sont perpendiculaires jusqu'aux seuillets des sabords; la rentrée, commençant à partir de là, augmente graduellement jusqu'à avoir la même inclinaison que les haubans.

3° Le soufflage sous la cuirasse, au lieu d'avoir 10 pouces d'épaisseur, en a 18, afin que la muraille ne le cède en rien pour la résistance à celles des meilleurs cuirassés, français et anglais.

4° Les extrémités arrondies de l'avant et de l'arrière sont remplacées par deux rangées de montants perpendiculaires, supportant une cloison blindée en travers du navire; cette cloison, de 18 pouces d'épaisseur, est recouverte de plaques de 4 pouces 1/2.

Les montants sont en fer de la même force que la membrure. Les cloisons sont percées de deux sabords pour les canons de chasse et de retraite.

5° Afin d'abriter l'avant de la mer, on a rejoint par une construction auxiliaire le haut de la cloison blindée de la batterie avec l'étrave, en laissant aux pièces rayées un espace suffisant pour leur tir. Le toit qui surmonte cette construction forme le prolongement du pont jusqu'à l'étrave. Il est construit avec de légers bordages en sapin, faciles à détruire au besoin. Des écoutilles donnent de la lumière, et un passage pour entrer dans cette partie du navire où se trouvent les écubiers et les tournages pour saisir les ancres. L'arrière, en face de la cloison blindée, est entouré d'un pavois volant.

6° Pour conserver la même longueur aux plaques, les sabords sont placés de la même manière qu'à bord des deux autres batteries, à l'exception du premier et du dernier de chaque côté, qui sont disposés de façon à rendre plus facile le transport des pièces aux sabords de chasse et de retraite. De plus, les deux sabords, par le travers de la cheminée et du panneau de la machine, ont été fermés à cause du peu d'espace pour manœuvrer les pièces dans cette partie du navire ; il ne reste par conséquent que 8 sabords de chaque côté.

Les plaques pour la cuirasse de cette batterie sont préparées à l'usine Brown et Cie, à Sheffield ; elles sont beaucoup plus larges pour la même longueur, de sorte qu'au lieu de 4 ceintures comme les autres batteries, elle n'en aura que 3, ce qui est très-avantageux, parce que les grandes plaques offrent beaucoup plus de résistance que les petites. L'épaisseur des plaques, dans la partie inclinée de la coque, est de 4 pouces 1/2 ; dans la partie perpendiculaire, au-dessous des seuillets du sabord, de 5 pouces 1/2 ; au-dessous de l'eau, de 4 pouces 1/2 ; devant et derrière, de 4 pouces.

Toutes les autres parties du plan ont été conservées, y compris les deux quilles latérales, de 12 pouces 1/2 sur 20 pieds de longueur.

Le *Smerch* [1], chaloupe canonnière à deux tourelles de système Kolz. — Le constructeur de la batterie *Netrone Ménia*, afin d'utiliser les approvisionnements et les ateliers réunis sur l'île Galerna pour la construction de cette batterie, proposa au gouvernement de construire, pour l'été de 1864, une chaloupe canonnière à deux

---

1. La trombe.

tourelles, d'après le système du capitaine Kolz, et semblable à celle destinée au Danemark, alors en chantier à Glascow, dans l'établissement de M. Napier. Comme un navire blindé de ce genre peut naviguer sans inquiétude dans la mer Baltique, et a sous ce rapport une supériorité incontestable sur les monitors américains, qui, par leur construction, ne peuvent affronter des lames un peu fortes, le gouvernement accepta la proposition de M. Mitchell, et un marché pour le *Smerch* fut passé le 13 juin 1863. La construction de cette canonnière commença le 7 août 1863, et elle fut mise à l'eau le 11 juin 1864. Voici ses principales dimensions :

Longueur extrême........	190 pieds	6	pouces.
Largeur................	14 »	3	»
Profondeur sous barreau..	38 »	2	»
Tirant d'eau en charge....	10 »	6	»
Déplacement............	1,401 tonneaux.		

Cette canonnière s'élève à peine de quelques pieds au-dessus de l'eau. Quand le pavois volant est rejeté en dehors, on aperçoit le pont avec deux tours peu élevées, dont les sabords elliptiques affleurent presque le pont.

Entre la tour de l'avant et la cheminée se trouve un réduit pour le commandant ; il est blindé comme la coque du navire. Les bases de chaque tour, avec le mécanisme qui les fait mouvoir, sont cachés sous le pont et mises ainsi à l'abri des boulets ennemis. L'avant est armé d'un éperon placé à 4 pieds au-dessous de la surface de l'eau. L'arrière est entouré d'un bouclier blindé servant à protéger l'hélice et le gouvernail.

Le *Smerch* est construit exactement sur les plans de la canonnière danoise *Rolf-Krake* ; mais comme le constructeur s'était engagé, sans augmenter le prix de la canonnière, à ajouter à sa coque 60 tonneaux de fer si le gouvernement jugeait convenable d'augmenter sa solidité, ces 60 tonneaux ont été employés à construire deux cloisons longitudinales et un double fond coupé par diverses cloisons verticales. Cet appareil est destiné à recevoir de l'eau pour enfoncer davantage la coque du navire au moment du combat. Il a, en outre, l'avantage d'affaiblir les conséquences d'une voie d'eau occasionnée soit par les boulets, par des explosions sous-marines ou par un échouage. Pour diminuer le roulis, on a placé dans chaque flanc une quille latérale de 100 pieds de long.

La canonnière a deux tours de 22 pieds de diamètre chacune,

couvertes d'un blindage de 4 pouces 1/2; aux environs des sabords, on avait eu le projet de superposer les plaques, c'est-à-dire de donner au blindage 9 pouces d'épaisseur, mais comme il a été démontré par des expériences sur des plaques doubles que les boulets, en frappant la rangée extérieure, brisent les boulons qui la retiennent au corps de la tour et, par conséquent, laisse l'autre rangée également retenue par ces boulons, sans assujettissement, on a préféré au blindage superposé des plaques de 6 pouces.

Au milieu du navire, le blindage a 7 pieds de hauteur; en allant vers les extrémités, comme il est dessiné sur la planche, il se rétrécit graduellement. Son épaisseur est de 4 pouces 1/2 jusqu'à 15 pieds des extrémités, et de 4 pouces à partir de là. Les plaques laminées ont été fournies par la maison Bill et Cᵉ en Angleterre, celles de 6 pouces par Brown et Cᵉ. Le soufflage sous la cuirasse est en teck, de 8 pouces d'épaisseur. La charpente des tours consiste en deux couches de bordages en teck de 8 et 4 pouces d'épaisseur, reliées chacune par des bandes de fer diagonales. En outre, les tours à l'intérieur sont revêtues d'un doublage en fer de 1 pouce. Le pont est également renforcé d'un doublage en fer de 1 pouce d'épaisseur, placé au-dessous des bordages en bois. Le poids de chaque tour est de 87 tonneaux; le poids du réduit du capitaine est de 9 tonneaux; le poids du blindage de la coque, de 214 tonneaux.

L'armement de chaque tour devait d'abord se composer de 2 canons de 60 n° 1, mais dans la suite l'apparition de l'artillerie d'acier fit changer cette décision; et comme il était trop tard pour modifier les tours, on décida de les armer, au lieu de 2 canons de fonte, avec 1 canon rayé d'acier de 8 pouces. De cette façon, les qualités nautiques de la canonnière furent conservées, et elle reçut, sous le rapport du poids des projectiles, une artillerie presque aussi lourde mais incomparablement plus efficace.

Le gréement du *Smerch* est en fer, les mâts sont à trépied du système du capitaine Kolz, et rentrent les uns dans les autres comme un télescope; ils ont été faits en Angleterre; la canonnière portera des huniers du système Cunningham et des perroquets, le mât d'artimon est sans vergues.

La machine double, de 200 chevaux, a été faite à l'usine Maudsley; elle met en mouvement deux hélices de 8 pieds de diamètre. En outre de ces machines et des petits chevaux, la canonnière a une autre machine auxiliaire de 6 chevaux, avec une chaudière particulière, qui fait marcher un ventilateur donnant de l'air à l'intérieur et activant le tirage des fourneaux. La tour est mise également en mouvement par ce mécanisme. La canonnière possède encore un poêle à fondre le métal qui doit être introduit dans les obus.

Elle a coûté 2,016,000 francs, dont 360,000 francs pour la machine.

CANONNIÈRES A UNE TOUR (*Monitors*).

Les circonstances réclamant impérieusement la construction rapide de navires cuirassés pour la défense des côtes, poussèrent le gouvernement russe à avoir recours au système américain des monitors, comme répondant le mieux au but demandé, et surtout parce que la cuirasse de ces sortes de bâtiments, composée de plusieurs feuilles de tôle de 1 pouce d'épaisseur superposées, était plus facile à se procurer en Russie que des plaques plus épaisses.

En outre, les officiers envoyés en Amérique après le combat du *Mérimac* et du *Monitor*, pour étudier le système des navires blindés en général et particulièrement les canonnières à tour mobile du capitaine Ericson, jugeaient que ce dernier type était de beaucoup préférable à tous les autres pour la défense des ports et du littoral.

Ces navires sont pour ainsi dire composés de deux parties : l'inférieure, moins longue, a la forme d'une coque de navire à fond plat, la supérieure présente une plate-forme avec des extrémités symétriquement pointues, s'avançant à l'avant pour protéger les ancres, et à l'arrière pour abriter l'hélice et le gouvernail. Les bords de la partie supérieure sont revêtus d'un soufflage en chêne et sapin de 39 pouces d'épaisseur, revêtu d'un blindage formé de cinq couches superposées de plaques de 1 pouce d'épaisseur. La partie au-dessus de l'eau, qui s'élève à peine de 14 pouces, présente au feu de l'ennemi un but très-peu considérable ; l'avant peut au besoin servir comme bélier. A l'intérieur, chaque canonnière est partagée en six compartiments par des cloisons étanches. Dans le premier, à partir de l'arrière, se trouve la batterie d'un télégraphe électique et un espace réservé aux approvisionnements de la machine ; dans le deuxième, la grande machine et les chaudières ; dans le troisième, le charbon ; dans le quatrième, la machine qui fait mouvoir la tour, la cambuse et les bouteilles ; dans le cinquième, le logement des officiers et de l'équipage ; enfin, dans le sixième, ou compartiment de l'avant, le cabestan. Le pont n'a pas de pavois ; vers le milieu de sa longueur s'élève la tour mobile contenant deux canons et au-dessus d'elle une tourelle immobile ou réduit pour le commandant et le timonnier. La tour et le réduit sont recouverts de plusieurs couches de feuilles de tôle de 1 pouce d'épaisseur : la tour de 11 couches, le réduit de 8 ; à l'exception de deux canonnières où le blindage est le même pour la tour et le réduit. Le pont est doublé de deux feuilles de tôle superposées de 1/2 pouce d'épaisseur, placées sur quelques canonnières en dessus du bordage, sur d'autres en dessous. La cheminée, jusqu'à une hauteur de 8 pieds, est protégée par un tambour blindé, formé de six couches de feuille de 1 pouce superposées. Ayant ainsi donné une idée des formes de ce type original, indiquons ses dimensions principales :

La longueur extrême, blindage compris, est de	201 pieds.
Longueur de la coque même	159 » 2 po.
Largeur extrême, blindage compris	46 »
Largeur de la coque inférieure	38 » 8 po.
Profondeur de la cale	11 » 10 po.
Longueur de la plate-forme avant, avec le blindage	15 » 7 po.
Longueur de la plate-forme arrière, avec le blindage	25 »
Déplacement total	1 565 tonneaux.
Tirant d'eau moyen	11 pieds 6 p.
Diamètre intérieur de la tour	21 »
Hauteur de la tour	9 »
Machine du navire	160 chevaux.
Machine de la tour	30 »

Dix canonnières de ce genre ont été construites, dont deux, l'*Ourayan* et le *Typhon*, par les moyens de l'État, dans le nouvel arsenal ; leur construction a commencé le 26 juin 1863; elles ont été lancées : la première, le 15 mai; la deuxième, le 4 juin 1864. Les autres ont été commandées à l'industrie. Deux, le *Latnik*[1] et le *Bronenocetz*, à MM. Mac-Pherson et Karr ; elles ont été construites sur les chantiers de l'usine de la Baltique, mises en chantier le 5 juin 1863, et lancées : la première, le 10, et la deuxième le 12 mars 1864. Deux autres, le *Vechoun*[2] et le *Koldoun*[3], construites par la compagnie Kokeril en Belgique, ont été transportées en pièces en Russie et montées sur le chantier de l'île Gotouyev; on commença à les monter le 28 octobre 1863, et elles ont été lancées le 26 avril 1864. Deux autres, le *Streletz*[4] et

---

1. Porteur de cuirasse.
2. Le *Prophète*.
3. Le *Sorcier*.
4. L'*Archer*.

l'*Edinogor*, ont été construites sur l'île de Galerna par M. Koudriatzev, qui commença les travaux le 1er juin 1863 et lança ses canonnières le 21 mai 1864. Enfin les deux dernières, la *Lave* et le *Peroun*[1], mises en chantier par MM. Semiannikov et Poletki sur les chantiers de l'usine de la Néva, le 15 juin 1863, furent lancées: la première le 27 mai, la deuxième le 10 juin 1864.

Les machines des canonnières *Latnik* et *Bronenocetz*, *Vechoun* et *Koldoun*, ont été faites par les constructeurs de ces navires; celles de la *Lave* et du *Peroun* à l'usine impériale d'Ijora ; celles de l'*Ouragan*, du *Typhon*, du *Strelitz* et de l'*Edinogor*, à l'usine Bird.

Les marchés étaient déjà passés lorsque les résultats du combat de Charleston et divers renseignements venus d'Amérique firent faire dans les plans quelques changements, dont les plus remarquables sont :

1° Le soufflage, sous le blindage latéral, dans la partie avant fut relié par une série de bandes en fer de 5 pouces d'épaisseur, qui portent l'épaisseur du blindage dans ces parties à 9 pouces.

2° Sur les tours, près de leur base, on a placé un anneau en fer massif de 5 pouces d'épaisseur sur 15 pouces de hauteur, qui augmente la solidité de la base de la tour.

3° Les plate-formes de l'avant et de l'arrière ont été consolidées dans leur liaison avec la coque inférieure.

4° On a agrandi les massifs sur lesquels repose le cylindre qui sert d'axe à la tour afin de faire supporter le poids de la tour par une étendue plus considérable de la coque du navire.

En outre, quelques entrepreneurs n'ayant pu se procurer les bois nécesaires pour les barreaux des canonnières qu'ils devaient construire, demandèrent à faire ces barreaux en fer, ce qui fut autorisé.

On avait eu d'abord le projet de cuirasser le réduit du timonnier avec 8 plaques de 1 pouce; les renseignements envoyés d'Amérique firent porter ce nombre de plaques à 11, mais comme, dans la suite, on s'aperçut que cette augmentation de poids enfonçait trop les canonnières dans l'eau, on revint sur cette résolution. Sur le *Koldoun* et le *Vechoun*, construites en Belgique, et dont les réduits étaient prêts, le blindage de cette partie resta de 11 pouces.

L'ancien moyen de relier entre elles et avec la muraille de la tour les plaques de blindage s'étant montré défectueux, au

---

1. La *Foudre*.

combat de Charleston, la plupart des blessures, dans les tours et dans les réduits, ayant eu pour cause la rupture de rivets, chassés à l'intérieur par les boulets ennemis, on modifia ce système de la manière suivante : Les dix premières couches de plaques, à partir de l'extérieur, furent reliées entre elles par des boulons rivés de la manière ordinaire ; la onzième couche, celle de l'intérieur, fut assujettie à la muraille par des vis, formant ainsi une sorte de chemise qui s'opposera à la projection, à l'intérieur de la tour, des boulons brisés. Sur les canonnières *Koldoun* et *Vechoun*, construites en Belgique, le moyen employé pour assujettir les plaques est celui qui sert, dans ce pays, à la construction des ponts en fer. Pour plus de sécurité, chaque rangée de boulons est recouverte d'une bande de fer de 1/2 pouce d'épaisseur formant pilastre.

On avait d'abord eu le projet de placer sur ces canonnières :

1° Deux pompes de cale, mises en mouvement par la machine principale et capables d'enlever par minute.   600 litres d'eau.

2° Une pompe liée à la machine du ventilateur, et pouvant enlever par minute...   1,700   —

3° Une pompe sur le pont............   400   —

Total par minute......   2,700   —

Dans la suite, ce nombre fut trouvé insuffisant pour des navires de cette espèce, qui, pouvant avoir à un moment donné une grande quantité d'eau à épuiser, doivent être pourvus de moyens très-puissants pour cet objet; c'est pourquoi on ajouta à ceux qui précèdent les suivants :

4° L'eau de la cale peut être appliquée à la condensation de la vapeur, et par ce moyen, la pompe à air est capable d'enlever par minute.....................................   3,000 litres.

5° Dans le compartiment du mécanisme de la tour, on a placé une pompe centrifuge mise en mouvement par la machine des ventilateurs, qui peut enlever......................................   2,000   —

6° On a placé dans le compartiment de la grande machine une pompe centrifuge, avec un cylindre à vapeur particulier alimenté par les grandes chaudières. Cette pompe enlève à la minute...................................   9,500   —

Total général à la minute.......   14,500   —
et en comprenant les autres pompes...   17,200   —

En outre, dans le compartiment de l'équipage se trouvent 2 autres pompes à main envoyant l'eau sur le pont.

Les poids principaux sur chaque canonnière consistent en :

330 plaques de blindage latéral, pesant	208,000	kilog.
600 feuilles de blindage du pont......	112,000	»
La tour et le réduit sans les canons...	216,000	»
Le réduit séparément..............	27,000	»
Le tambour blindé de la cheminée.....	12,800	»

Chaque canonnière a une grande machine de 160 chevaux et machines auxiliaires, l'une de 15 chevaux pour les deux ventilateurs, l'autre également de 15 chevaux pour mouvoir la tour. Les deux machines auxiliaires prennent leur vapeur aux mêmes chaudières que la grande machine.

Les deux ventilateurs placés dans le compartiment du milieu prennent l'air sous la tour, et le distribuent dans toutes les parties du navire. Les hélices des canonnières sont à 4 branches de 12 pieds de diamètre, les gouvernails à balancier, les ancres, d'une construction particulière, sont courtes et à 4 becs.

L'armement consistera en 1 canon de 15 pouces en fonte, et 1 autre canon rayé de 9 pouces en acier ; les canons de 15 pouces n'étant pas encore prêts, les canonnières ont, pour le moment, 2 canons de 9 pouces en acier, qui seront rayés dans la suite.

Navires blindés de la Russie. — Nous ajoutons à la notice précédente les divers plans de la canonnière à deux tours *Smertch* que nous empruntons au rapport annuel du directeur des constructions navales de Saint-Petersbourg.

Le *Smertch* est le quatrième navire à tourelle, du système Coles, construit en Europe. Le premier, comme nous l'avons vu déjà est la canonnière danoise *Rolf-Krake*, après laquelle parurent les deux navires anglais *Royal-Sovereing* et *Prince-Albert*. La canonnière russe est la copie à peu près exacte du navire danois. Elle est construite en fer anglais. Le soufflage sur lequel repose les plaques est en teak, chêne et sapin.

Les dimensions principales sont les suivantes :

	pieds.	pouces.
Longueur extrême................	190	6
Longueur de la quille............	183	5
Largeur extrême.................	38	2
Profondeur de la cale sous barreau...	14	3
Tirant d'eau en charge...........	10	6
Déplacement....................	140,152	tonneaux.

Elle a deux tours de 22 pieds de diamètre chacune, qui seront armées de canons de 12 pieds de long se chargeant par la gueule.

Sa machine est de 200 chevaux.

Commencée le 7 août 1863, elle a été lancée des chantiers de l'île Galerna dans la Dwina le 11 juin 1864, et elle est arrivée à Cronstadt le 2 octobre. Ses expériences doivent commencer dès que la mer sera libre dans le golfe de Finlande.

ÉTAT

MARINE MILITAIRE DE RUSSIE EN 1864.

Etat de la marine militaire de Russie en 1864. — Au 1er janvier 1864, la marine militaire de la Russie se composait de 243 bâtiments à vapeur, à flot, dont 7 vaisseaux, 8 frégates, 1 frégate blindée et une batterie blindée. A ce nombre il faut ajouter 19 bâtiments en construction, comprenant: 1 frégate blindée, 2 batteries blindées, 11 monitors blindés et 5 avisos à vapeur. Dans le courant de l'année 1864, les 11 monitors ont été mis à l'eau ainsi qu'une des batteries.

Le tableau ci-contre (p. 20 et 21) donne la composition de la marine russe à la même époque. L'effectif des sous-officiers et matelots était de 38,958 hommes.

Voici maintenant, d'après le *Morskoi-Sbornick*, quelques details sur l'état d'avancement des navires blindés russes :

Presque tous les monitors russes construits à Saint-Pétersbourg sont en ce moment réunis dans le port de Kronstadt. Nous avons rendu compte précédemment de l'arrivée du *Broucnocetz* et de l'*Ouragan*. Après eux arrivèrent, le 27 septembre, le *Typhon*, construit pour le gouvernement dans le nouvel arsenal; le 1er octobre, le *Latnik*, construit sur les chantiers de MM. Mac-Pherson et Karr, et enfin, le 2 octobre, les monitors *Strelitz* et *Edinogor* et la batterie *Smertch*, construits par la compagnie Koudriatsev, sur l'île Galerna. Il ne manque plus que les deux monitors *Péroun* et *Lava*, sortis de l'usine de M. Semianikos, et actuellement dans le nouvel arsenal, où ils achèvent

PERSONNEL DE LA MARINE RUSSE AU 1er JANVIER 1864.

ÉTAT MAJOR.

RÉPARTITION.	OFFICIERS de marine.				OFFICIERS d'artillerie.				MAÎTRES ou officiers pilotes.				INGÉNIEURS des constructions navales.			
	Amiraux.	officiers supérieurs.	officiers.	Gardes-marine.	Généraux.	officiers supérieurs.	Officiers.	Conducteurs.	Généraux.	officiers supérieurs.	Officiers.	Conducteurs.	Généraux.	officiers supérieurs.	Officiers.	Conducteurs.
Réserve.	5	64	20	»	»	»	23	»	»	2	67	»	»	»	4	»
En congé illimité.	»	4	12	»	»	»	1	»	»	»	2	»	»	1	»	»
Sur des navires de commerce.	»	43	27	»	»	»	»	»	»	»	47	»	»	»	3	»
Au ministère de la marine.	25[1]	12	3	»	1	9	»	»	»	1	11	»	1	3	3	»
Dans les arsenaux.	9	63	6	»	1	5	9	»	2	3	16	»	2	5	58	»
Dans les établissements d'instruction.	»	17	8	»	»	1	8	»	»	1	28	»	»	1	1	»
Blessés attachés aux établissements d'instruction.	»	11	6	»	»	4	7	»	»	1	3	»	»	»	»	»
Employés dans d'autres ministères.	17	24	9	»	»	2	2	»	»	»	2	»	1	»	»	»
Employés dans les hôpitaux.	»	»	»	»	»	»	»	»	»	»	»	»	»	»	»	»
Disponibles pour le service à la mer.	16	265	688	165	»	4	89	38	2	8	389	80	4	4	31	23
Total au 1er janvier 1864.	72	303	779	165	2	16	146	38	5	17	565	80	5	11	105	23

RÉPARTITION.	INGÉNIEURS mécaniciens.			INGÉNIEURS des travaux hydrauliques.			COMPAGNIES d'ouvriers d'artillerie.		ÉQUIPAGES du transports de la Baltique.		ATTACHÉS au ministère et à l'amirauté.			MÉDECINS.	AIDES-MÉDECINS.	CAPITAINES marchands au service de l'état.		COMMISSAIRES.	GARDES d'artillerie.		EMPLOYÉS CIVILS.
	officiers supérieurs.	Officiers.	Conducteurs.	Généraux.	officiers supérieurs.	Officiers.	officiers supérieurs.	Officiers.	officiers supérieurs.	Officiers.	Généraux.	officiers supérieurs.	Officiers.			Militaires.	Civils.		Militaires.	Civils.	
Réserve.	»	2	»	»	»	7	»	75	8	95	»	3	71	»	»	»	»	»	»	»	»
En congé illimité.	»	»	»	»	»	»	»	1	1	»	»	»	»	»	»	»	»	»	»	»	»
Sur des navires de commerce.	»	2	»	»	2	»	»	»	»	»	»	1	2	1	»	»	»	»	»	»	»
Au ministère de la marine.	»	1	»	2	4	4	»	»	»	»	2	1	3	»	»	»	»	»	»	»	»
Dans les arsenaux.	1	31	»	1	5	19	2	7	7	52	»	7	23	25	»	»	»	»	»	»	195
Dans les établissements d'instruction.	»	1	»	»	»	»	»	2	9	»	»	5	4	»	»	»	»	»	»	»	328
Blessés attachés aux établissements d'instruction.	»	»	»	»	3	»	2	»	»	2	»	»	»	»	»	»	»	»	»	»	23
Employés dans d'autres ministères.	»	1	»	»	1	»	»	»	1	»	1	»	»	»	»	»	»	»	»	»	»
Employés dans les hôpitaux.	»	»	»	»	»	»	»	»	»	»	»	»	»	45	12	»	»	»	»	»	20
Disponibles pour le service à la mer.	1	190	93	»	3	20	3	21	8	100	»	»	22	147	40	32	12	51	4	15	»
Total au 1er janvier 1864.	2	228	93	3	14	51	5	107	22	236	3	11	122	222	57	32	12	51	4	15	447

1. Ces 25 amiraux sont répartis dans six directions et quatre conseils : conseil d'amirauté, comité scientifique, comité des travaux, comité d'artillerie.

leur installation, et où très-probablement ils passeront l'hiver. La batterie *Ne tron menia*, amenée sur la rade de Kronstadt, dans le dock hydraulique, a été mise à l'eau le 16 octobre et est entrée dans le port.

Le passage des monitors sur la barre de la Néva a eu lieu avec un complet succès et sans qu'on ait été obligé de se servir de pontons. Tous ont été amenés jusqu'aux balises extérieures à la remorque des canonnières, et ils ont chauffé et fait le reste du chemin avec leurs machines. Pendant ce trajet, plusieurs capitaines ont eu l'occasion de faire quelques expériences sur la facilité d'évolutions de leurs navires, il paraît qu'ils en ont été satisfaits. A leur arrivée à Kronstadt, ils sont entrés successivement dans l'arsenal pour y terminer leur armement.

Le 3 octobre, le *Bronenocetz* chauffa pour expérimenter le pignon en cuivre par lequel on a remplacé l'ancien pignon en fonte qui fait mouvoir la tour et qui s'était fendu précédemment. A la suite de ces expériences, on a fait le même changement à bord du *Latnik*.

Le 9 du même mois, le *Bronenocetz* est sorti avec la commission des essais; mais le mauvais temps ne lui a pas permis de s'éloigner de la grande rade, où il a fait plusieurs parcours et évolutions qui ont confirmé les résultats obtenus précédemment et dont nous avons rendu compte. La marche du monitor a été la même que celle déjà trouvée sur la base, c'est-à-dire 8-19 nœuds. Quelques jours plus tard, ce même monitor a fait des expériences d'évolutions. Nous en donnerons prochainement les résultats, ainsi que ceux des mouvements de lest faits à bord pour fixer le centre de gravité.

Le 12, le *Bronenocetz* alla dans la rade de l'Est pour faire des expériences de tir, et comme les précédentes, celles-ci eurent un succès complet. Le monitor tira sur une bouée, à une distance variant entre 1 à 1 1/2 et 4 encablures, 14 coups à boulets, qui tous passèrent très-près du but. La secousse occasionnée par le tir fut très-faible, de même que dans les autres monitors. La tour décrivait un tour entier avec facilité et douceur en 45 secondes, s'arrêtant instantanément à la volonté de la personne qui tenait la mise en train. Le recul de la pièce de tribord fut de 11 à 15 pouces et celui de la pièce de bâbord de 22 pouces.

Le 14 octobre le monitor *Latnik* a fait sa première expérience de machine. Il a parcouru deux fois à toute vapeur la longueur de la base (1 mille marin). Il y avait un peu de clapot et une jolie brise de l'E.-N.-E., qui fit que le premier parcours s'accomplit avec vent debout, et le dèrnier avec vent arrière. Voici les résultats obtenus :

1er parcours : début, 11 h. 39' 23" ; fin, 11 h. 54' 41" ; durée, 15' 18" ; pression 20 pieds ; tours d'hélice, 62 ; vitesse, 7 nœuds 8.

2e parcours : début, 12 h. 05' 19" ; fin, 12 h. 19' 18" ; durée, 13' 19" ; pression, 16 pieds ; tours d'élice, 58 ; vitesse, 8-57 nœuds.

La moyenne des deux vitesses donne 8 nœuds 18.

Les expériences sur la facilité à évoluer donnèrent les résultats suivants :

Commandé tribord la barre à 11 h. 55' 45" ; la barre en place à 11 h. 56' ; terminé l'évolution de 16 rumbs à 11 h. 58' 5" ; durée de l'évolution de 14 rumbs, 2' 20".

Le 17 octobre, le *Latnik* a fait des expériences de tir et l'*Ouragan* a essayé ses machines.., mais nous n'avons pas encore eu connaissance des résultats obtenus.

Quant à ce qui concerne le *Typhon*, le *Strelitz* et l'*Edinogor*, qui ont encore à mettre en place leur artillerie et le réduit du commandant, la marche des travaux nous fait penser qu'ils ne pourront pas sortir de l'arsenal avant que la rade ne soit prise, et que par conséquent leurs expériences seront remises au printemps.

La batterie à deux tours, *Smertch*, arrivée à Kronstadt le 2 octobre, vient de rentrer dans le dock pour changer l'aile d'une de ses hélices qui s'était un peu écornée.

Le frégate blindée *Sébastopol* est presque prête, on termine de mettre son éperon en place, elle a fait dernièrement quelques essais de machine qui font penser qu'aux expériences elle donnera de 11 nœuds à 11 nœuds 1/2.

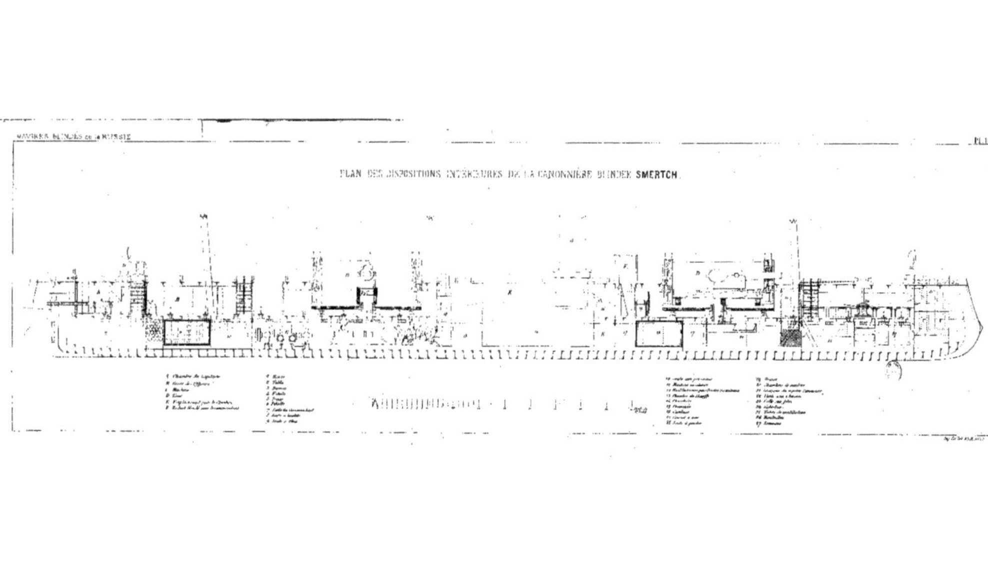

PLAN DES DISPOSITIONS INTÉRIEURES DE LA CANONNIÈRE BLINDÉE SMERTCH.

SECTION SUIVANT LE 68ᵉ COUPLE, AVEC LA COUPE D'UNE TOUR DE LA CANONNIÈRE BLINDÉE SMERTCH

PLAN D'UNE TOUR DE LA CANONNIÈRE BLINDÉE SMERTCH

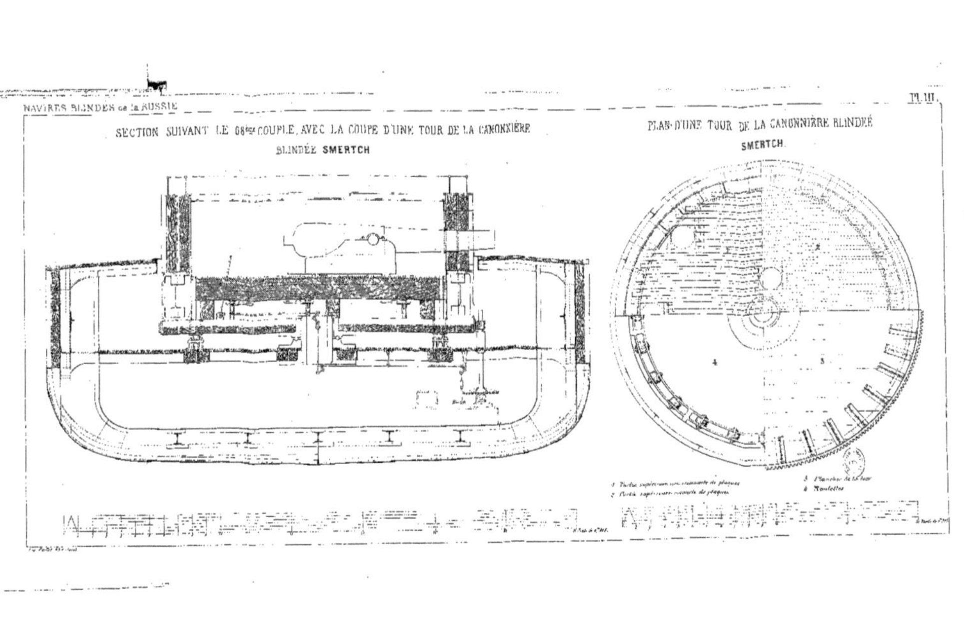

PLAN DES DISPOSITIONS DE LA CALE DE LA CANONNIÈRE BLINDÉE **SMERTCH**.

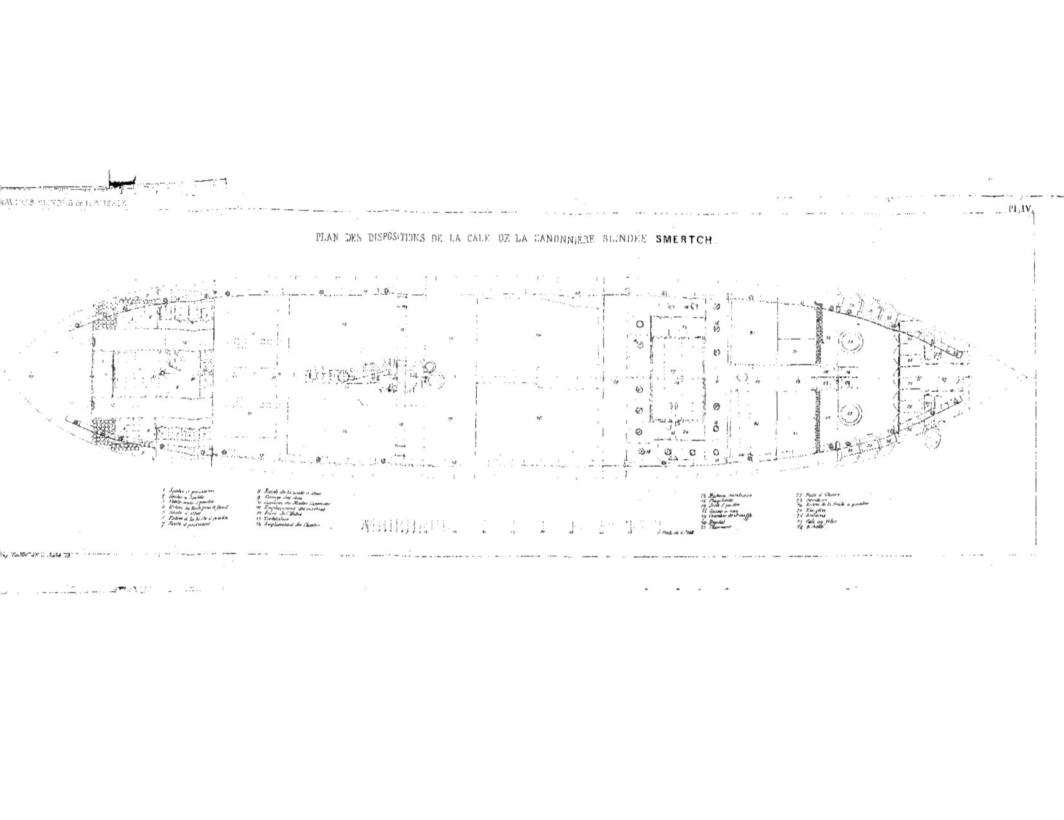

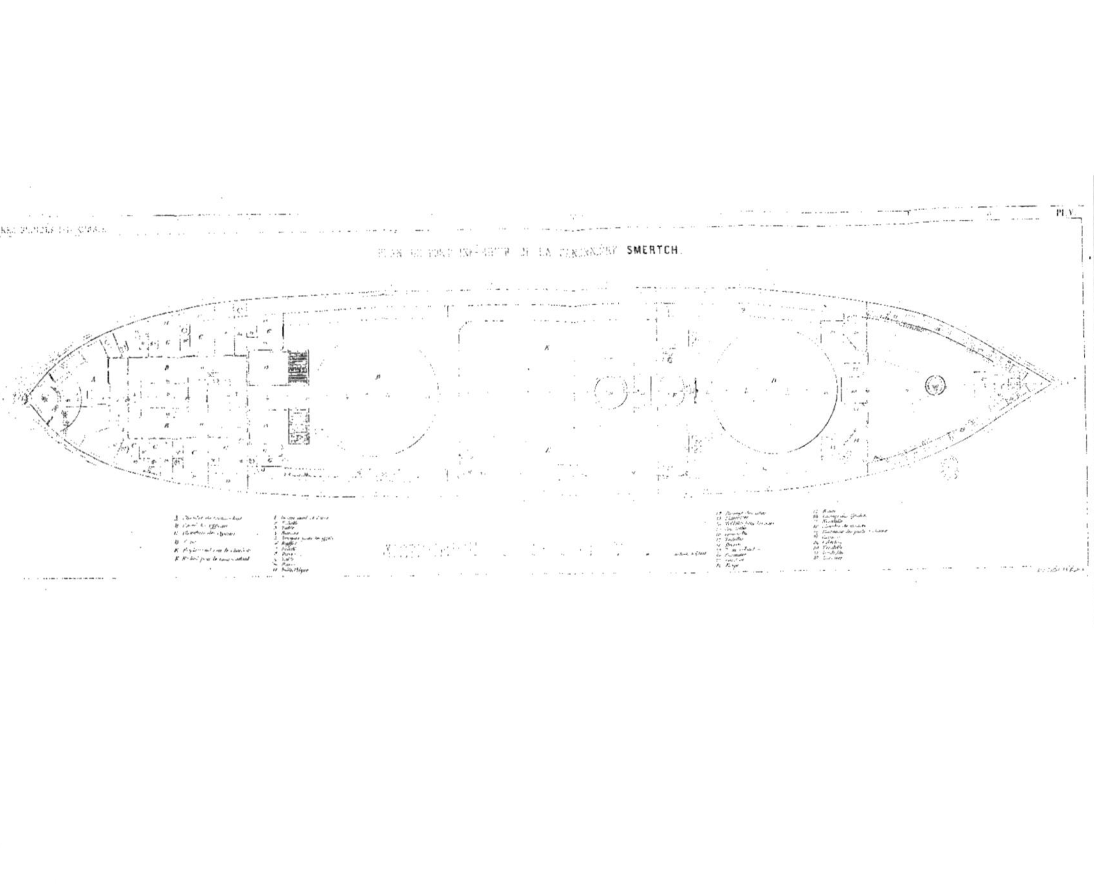
SMERTCH.
PL.V

NAVIRES BLINDÉS DE LA RUSSIE.

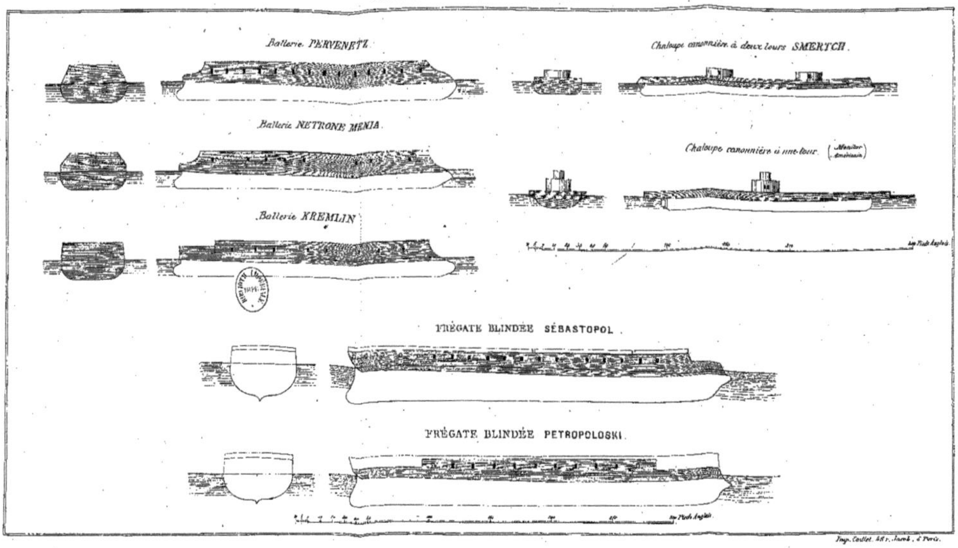

Batterie PERVENETZ.

Chaloupe canonnière à deux tours SMERTCH.

Batterie NETRONE MENIA.

Chaloupe canonnière à une tour. (Moniteur Américain)

Batterie KREMLIN.

FRÉGATE BLINDÉE SÉBASTOPOL.

FRÉGATE BLINDÉE PETROPOLOSKI.

Imp. Coatet, 48 r. Jacob, à Paris.

ARTHUS BERTRAND

LIBRAIRIE MARITIME ET SCIENTIFIQUE.

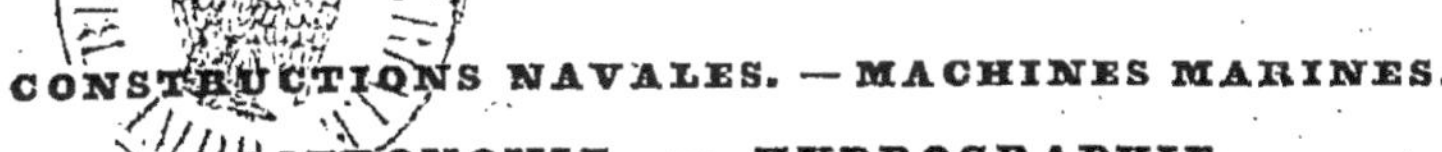

CONSTRUCTIONS NAVALES. — MACHINES MARINES.
ASTRONOMIE. — HYDROGRAPHIE.
ARTILLERIE ET COMBAT. — TACTIQUE NAVALE.
HISTOIRE ET JURISPRUDENCE MARITIMES.

OUVRAGES SPÉCIAUX POUR LES ÉCOLES D'HYDROGRAPHIE
ET CAPITAINES AU LONG COURS.

PARIS
RUE HAUTEFEUILLE, 21, PRÈS L'ÉCOLE DE MÉDECINE.
AVRIL 1865.

ARTHUS BERTRAND

LIBRAIRIE MARITIME ET SCIENTIFIQUE

CONSTRUCTION NAVALE — NAVIGATION

ASTRONOMIE — HYDROGRAPHIE

NAVIGATION DU FUTUR — GARÇON DE BATEAU

TRAITÉ DES INSTRUMENTS DE MARINE

OUVRAGES SPÉCIAUX POUR LES ÉCOLES D'HYDROGRAPHIE
ET ADOPTÉS AU LYCÉE-DOUÉ

PARIS

RUE HAUTEFEUILLE, 21, PRÈS L'ÉCOLE DE MÉDECINE

1881

ARTHUS BERTRAND, ÉDITEUR

LIBRAIRIE MARITIME ET SCIENTIFIQUE

21, RUE HAUTEFEUILLE, A PARIS.

CATALOGUE.

ALONCLE, ancien élève de l'école polytechnique, capitaine d'artillerie de marine. — **ÉTUDES SUR L'ARTILLERIE RAYÉE DE MARINE, CONDITIONS INDISPENSABLES AU CANON DESTINÉ AU SERVICE DE LA FLOTTE.** In-8 accompagné de 4 grandes planches gravées. 6 fr.

> L'artillerie rayée en France et en Angleterre. — Opinions du commandant Robert Scott, du capitaine Fishbourne et de sir Williams Armstrong sur le meilleur canon pour la marine. — Dernières expériences de Shœburyness. — Résultats. — Conclusion.

> **Notes de l'auteur.** — Murailles cuirassées des navires. — Plaques d'armure. Artillerie à grande puissance. — Projectiles perforants et contondants. — Fabrique et rayure des canons et des projectiles. — Vitesse des projectiles. — Dernières expériences en France, etc., etc.

BOUCHER. — **LE CONSULAT DE LA MER,** ou pandectes du droit commercial et maritime, des usages commerciaux et maritimes du moyen âge suivis encore en Espagne, en Italie, à Marseille et en Angleterre comme lois, et partout ailleurs comme raison écrite; précédé de l'historique des coutumes maritimes des temps anciens, suivi des pièces justificatives. 2 vol. in-8° avec des tableaux. 15 fr.

BOURGOIS, capitaine de vaisseau. — **RAPPORT A SON EXCELLENCE M. LE MINISTRE DE LA MARINE SUR LA NAVIGATION COMMERCIALE A VAPEUR DE L'ANGLETERRE,** suivi de considérations théoriques et pratiques sur les appareils moteurs et les hélices, installation, arrimage et mâture. 1 vol. in-4 accompagné de 4 grandes planches gravées. 16 fr.

> Historique et statistique de la navigation à vapeur et considérations techniques. Tableaux synoptiques des contrats passés avec le gouvernement pour le transport des malles et des recettes postales qui en dérivent, états du matériel des compagnies anglaises de navigation à vapeur de long cours, et documents divers sur les compagnies transatlantiques anglaises ainsi que sur le cabotage.

— MÉMOIRE SUR LA RÉSISTANCE DE L'EAU au mouvement des

corps et particulièrement des **BATIMENTS DE MER,** notions théoriques et fondamentales sur la résistance et formules générales. 1 vol. in-4 vélin accompagné de plusieurs tableaux donnant le résultat de toutes les expériences, et de 3 grandes planches gravées. 12 fr.

Expériences de Beaufoy sur les corps plongés et les corps flottant à fleur d'eau. Expériences de Bossut, d'Alembert et Condorcet sur les corps flottants et sur l'influence des limites du milieu. Mesure de la résistance des carènes des navires par les expériences dynamométriques de remorque, — par les expériences de traction au point fixe, — par la comparaison des coefficients d'utilisation. Vérification des valeurs de la résistance par le calcul et l'observation des coefficients d'avance des bâtiments à hélice.

BOURGOIS, capitaine de vaisseau. — **RÉFUTATION DU SYSTÈME DES VENTS DE MAURY,** in-8 accompagné de 3 pl. gravées. 4 fr. 50 c.

BOUTAKOFF (l'Amiral). — Voyez DE LA PLANCHE.

BONNEFOUX (DE), capitaine de vaisseau. — **VIE DE CHRISTOPHE COLOMB,** 1 vol. in-8 orné d'une vignette. 6 fr.

CAVELIER DE CUVERVILLE, capitaine de frégate.—**ÉTUDES THÉORIQUES ET PRATIQUES SUR LES ARMES PORTATIVES, COURS DE TIR,** à l'usage des officiers qui n'ont pu suivre les cours de l'école normale du tir de Vincennes ; développements des leçons professées à l'école normale impériale ; étude pratique des armes à feu portatives, étude théorique et pratique du tir, étude des armes rayées et de leur projectilité, études complémentaires, etc. 1 vol. accompagné de grandes planches gravées. 15 fr.

COLLOMBEL, capitaine d'artillerie de marine. — **ESQUISSES DES CONNAISSANCES INDISPENSABLES AUX OFFICIERS** qui servent dans la marine militaire et dans l'artillerie de la marine, avec des considérations sur la spécialité de ces deux armes. 1 vol. in-8. 3 fr.

CONSEIL, capitaine de port à Dunkerque. — **GUIDE PRATIQUE DE SAUVETAGE** à l'usage des marins. 1 vol. grand in-8 accompagné de nombreuses figures dans le texte et de 2 planches gravées. 6 fr. 50 c.

Livre premier. — Du naufrage en général. — Cas divers. — Moyens naturels de combattre le danger.

Livre deuxième. — Engins de sauvetage à bord des navires et leur emploi. — Moyens d'y suppléer quand on n'en est pas pourvu.

Livre troisième. — Engins de sauvetage dans tous les ports et sur le littoral. — Personnel obligé d'un poste de sauvetage. Nomenclature des objets qui doivent former le matériel d'un poste de sauvetage côtier. Moyens de se servir de ces différents engins. — Secours à donner aux naufragés et rappeler à la vie ceux qui sont dans un état de mort apparente.

Livre quatrième. — Procédés employés pour sauver les navires et leurs cargaisons.

DE CRISENOY, lieutenant de vaisseau. — **LES ÉCOLES NAVALES ET LES OFFICIERS DE VAISSEAU,** depuis Richelieu jusqu'à nos jours, étude historique, in-8.   2 fr.

— **LE PERSONNEL DE LA MARINE MILITAIRE** et les classes maritimes sous Colbert et Seignelay, d'après des documents inédits, in-8.   1 fr. 50 c.

DE FOLIN, capitaine de port. — **GUIDE DU CAPITAINE ET DU PILOTE** dans les rapports qu'ils doivent avoir pour diriger un navire, recueil de toutes les communications qui peuvent être échangées entre un capitaine et un pilote dans les principales langues de l'Europe, disposé de telle sorte que tous deux puissent lire en même temps la même phrase; 1 fort vol. in-8.   10 fr.

> La première partie traite les différentes phases de la navigation, depuis l'abordage du navire par le pilote jusqu'à l'arrivée au port, et depuis la sortie du port jusqu'au congé que reçoit le pilote. La seconde partie est un vocabulaire comprenant les mots usités dans la marine dans les principales langues européennes.

Ouvrage approuvé par S. Exc. M. le Ministre de la marine.

Leitfaden für Capitaine und Lootsen.	*Guide for Captains and Pilots.*
Gids voor Kapitein en Loods.	*Guia do Capitão e do Pratico.*
Wagledare for Kaptein och Lots.	*Guia del Capitan y Practico de puerto o costa.*
Ledetraad for Captainer og Lodser.	*Guida del Capitano e del Piloto.*

DE FRÉMINVILLE, ingénieur de la marine, professeur à l'école du génie maritime. — **COURS PRATIQUE DE MACHINES A VAPEUR MARINES,** professé à l'école d'application du génie maritime. 1 très-fort vol. grand in-8°, avec figures dans le texte, accompagné d'un atlas renfermant 100 planches.   55 fr.

> L'atlas se compose de 90 planches gravées, grand in-folio, représentant l'ensemble des machines et tous leurs détails, avec les cotes exactes à chaque pièce, et 8 grands tableaux numériques de comparaison, donnant la dimension juste et précise de chaque pièce. Pour chacune d'elles, l'auteur a établi la charge par centimètre carré qu'elle supporte d'un fonctionnement régulier. Ce travail, de la plus grande utilité, n'avait jamais été publié jusqu'à présent.

> **Première partie.** Historique. Machines marines à balancier et à roues. Définition de la puissance des machines à vapeur. Examen des résultats obtenus avec les machines marines à balancier. Machines à roues à connexion directe. Principaux types de machines à connexion. Examen des résultats obtenus. Machines à hélices. Principaux types de machines à hélices. Résultats obtenus. Machines de divers systèmes. Machines à haute pression. Machines à hélices pour transports. Machines à pilon. Machines à cylindres inclinés. Machines rotatives.

> **Seconde partie.** Cylindres à vapeur. Dimension et formes principales. De la consommation de la vapeur. Accessoires des cylindres. Piston moteur.

Orifice du cylindre à vapeur. Du tiroir. Tiroirs équilibrés. Tiroir à coquille. Étude de la régulation. Épure circulaire. Épures de vérification. Mesure de la puissance des machines à vapeur. Mécanismes de changement de marche. Coulisse Stephenson. Appareils propres à modérer la puissance des machines. De la valve. Appareils de détente variable. Appareils de condensation. Condenseurs à injection directe. Condenseurs à surface. Pompes à air. Bâche et tuyau de décharge. Appareils d'alimentation. Tiges et traverses du piston. Grande bielle. Guides. Balanciers. Manivelles. Arbres. Paliers. Forces d'inertie. Roues à aubes fixes et articulées. Des hélices. Formes des hélices. Installation des arbres. Hélices fixes. Hélices amovibles.

Ouvrage approuvé par S. Exc. M. le Ministre de la marine.

DE FRÉMINVILLE, ingénieur de la marine, professeur à l'école du génie maritime. **— TRAITÉ PRATIQUE DE CONSTRUCTION NAVALE**, 1 fort vol. in-8 accompagné de nombreuses figures dans le texte et d'un atlas grand in-folio renfermant 14 planches gravées.   23 fr.

    Première partie. — Tracé des plans de navire et calculs qui s'y rapportent.

    Seconde partie. — Construction en bois.

    Troisième partie. — Constructions en fer.

Donnant chacune la description très-détaillée des derniers types et des derniers modèles adoptés dans la construction navale, avec tous leurs accessoires.

DELACOUR, ingénieur de la marine et directeur des constructions navales des messageries impériales. — **ÉTUDE SUR LES MACHINES A VAPEUR MARINES ET LEURS PERFECTIONNEMENTS**, surchauffe de vapeur, grandes détentes, condensation par surfaces, haute pression, etc., brochure in-8 avec figures.   2 fr.

DE LA LANDELLE, officier de marine. — **LE LANGAGE DES MARINS**, recherches historiques et critiques sur le vocabulaire maritime, expressions figurées en usage parmi les marins, recueil de locutions techniques ou pittoresques, un beau vol. in-8.   5 fr.

DE LA PLANCHE, lieutenant de vaisseau. — **NOUVELLES BASES DE TACTIQUE NAVALE DES NAVIRES A VAPEUR**, ouvrage traduit du russe de l'amiral *Boutakoff*, 1 vol. in-8, avec de nombreuses figures dans le texte, et accompagné de 20 planches gravées, dont une grande partie en couleurs.   15 fr.

Ouvrage publié par les ordres de S. Exc. M. le Ministre de la marine.

DE LAPPARENT, directeur des constructions navales et du service général des bois de la marine. — **DU DÉPÉRISSEMENT DES COQUES DES NAVIRES EN BOIS**, et des moyens de le prévenir, in-8 avec figures dans le texte.   2 fr.

    Choix et emploi des bois. — Conservation des bois d'approvisionnement et dessèchement artificiel préalable de ceux mis en œuvre. — Précautions à prendre dans le cours de la construction et préparations à appliquer au bois, soit pour neutraliser les agents de destruction, soit pour mettre les bois en état d'y mieux résister.

Ouvrage autorisé par S. Exc. M. le Ministre de la marine.

DE LAPPARENT, directeur des constructions navales et du service général des bois de la marine. — **ASSAINISSEMENT ET DÉSINFECTION DES CALES DE NAVIRE** par la carbonisation, au moyen du gaz forcé; addition au mémoire précédent. Broch. in-8. 50 c.

— **INSTRUCTION SUR LES BOIS DE MARINE ET LEUR APPLICATION AUX CONSTRUCTIONS NAVALES**, suivie du **TARIF OFFICIEL POUR LA RECETTE ET LE CLASSEMENT DES BOIS DE CONSTRUCTION**, 1 vol. in-4 avec fig. sur bois, accompagné : 20 fr.

1° D'un tarif donnant l'équarrissage au milieu et le cube, *au cinquième déduit*, des arbres dont la hauteur et le tour, au pied et sur écorce, sont connus;

2° De 42 planches gravées représentant : le *dendromètre* (instrument pour mesurer la hauteur des arbres sur pied); des *coupes* de navire, où l'on voit la fonction, dans la charpente d'un vaisseau, de chacune des pièces qui figurent au tarif officiel; enfin de *découpes* d'arbres indiquant le meilleur parti à tirer des arbres, d'après leurs formes et leurs dimensions, avec l'extrait du tarif officiel;

3° De 16 planches lithographiées *en couleur*, montrant les qualités et les vices principaux des bois de chêne.

Ouvrage publié d'après les ordres de S. Exc. M. le Ministre de la marine.

— **TARIFS ET TABLEAUX DIVERS POUR LE CUBAGE ET LE CLASSEMENT DES BOIS DE MARINE.** 1 vol. in-12. 3 fr.

Tarif de recette et de classement des bois de chêne.

Tableau des équarrissages théoriques, correspondant aux divers diamètres sur franc-bois.

Tableau pour servir au classement approximatif des arbres sur pied jugés propres au service de la marine.

Tableaux régulateurs des équarrissages bruts à donner aux arbres en grume.

Tarif pour le cubage estimatif, au 1/5 déduit, des arbres sur pied.

Tarif pour le cubage, au 1/5 déduit, des bois en grume ou équarris.

Tarif de cubage pour les bois équarris, comprenant toutes les longueurs de 20 en 20 cent. et tous les équarrissages de 2 en 2 cent.

Chaque tarif est précédé d'une explication détaillée.

Ouvrage approuvé par S. Exc. M. le Ministre de la marine.

— **TARIF OFFICIEL POUR LA RECETTE ET LE CLASSEMENT DES BOIS DE MARINE,** in-4 accompagné de figures dans le texte. 1 fr. 50 c.

DENAYROUSE, lieutenant de vaisseau. — **INSTRUCTION SUR L'APPAREIL PLONGEUR ROUQUAYROL** à air comprimé, basse pression. Brochure in-18, avec figures. 60 c.

DENAYROUSE, lieutenant de vaisseau. — **MÉMOIRE SUR L'APPAREIL PLONGEUR ROUQUAYROL A AIR COMPRIMÉ** et instruction sur son emploi dans la marine, in-8 accompagné de plusieurs figures sur bois.

2 fr. 50 c.

Principes généraux du ferme-bouche. Des pompes. Description détaillée du régulateur et de la pompe. Accessoires. Expériences faites sur l'appareil plongeur. Comparaison de l'appareil à air comprimé avec le scaphandre. Appareils à moyenne et haute pression. Description détaillée du compresseur-compensateur et du régulateur. Calcul du compresseur-compensateur. Instructions générales sur l'appareil.

DONEAUD, professeur à l'école navale impériale. — *Voyez* LEVOT.

DUBOIS, professeur à l'école navale impériale. — **COURS DE NAVIGATION ET D'HYDROGRAPHIE.** 1 très-fort vol. grand in-8 renfermant plus de 200 grandes figures intercalées dans le texte et 9 planches gravées.

15 fr.

De la boussole. Des connaissances des temps. Du cercle à réflexion. Du sextant et de l'octant. Des erreurs d'observations. Des chronomètres. Les régler. Détermination de l'heure vraie ou moyenne d'un lieu à l'aide d'une hauteur du soleil ou d'un autre astre. Détermination de la latitude et de la longitude. Déterminer la variation du compas. Des courants. Des cartes marines.

Géodésie. Détermination des positions géographiques des sommets principaux du canevas géodésique. Du nivellement géodésique. Lever d'une carte marine et d'un plan hydrographique. Détails topographiques.

— **COURS D'ASTRONOMIE, DE GÉOMÉTRIE ET DE MÉCANIQUE CÉLESTES, ET NOTIONS SUR LES MARÉES,** à l'usage des officiers de marine, 2ᵉ *édition*, revue et considérablement augmentée, 1 vol. grand in-8, avec de nombreuses figures intercalées dans le texte et 4 grandes planches gravées.

10 fr.

Description de l'univers astronomique. Définitions astronomiques. Étude complète des phénomènes apparents. Mouvement général de la sphère céleste. Coordonnées servant à déterminer la position d'un astre dans la voûte céleste. Instruments propres à mesurer le temps, les instants et les angles. Étude des étoiles. Étude du soleil. Étude de la lune. Différents modes d'observation. Éclipses. Calculs des éclipses. Études des planètes et des satellites. Notions sur les comètes. Méthode de Bessel pour les occultations décrites par la lune. Formules de précession et de natation. Formules d'aberration. Éléments de mécanique céleste. Détermination des rapports des masses planétaires à la masse du soleil. Aberration de la lumière. Notions sur les marées.

— **THÉORIE DU MOUVEMENT DES CORPS CÉLESTES** parcourant des sections coniques autour du soleil, ouvrage traduit du *Theoria motus corporum de Gauss*, suivie de notes du traducteur. Un beau volume grand in-8 accompagné de tables et de trois planches gravées.

15 fr.

Relations concernant une seule position dans l'orbite et dans l'espace. — Relations entre plusieurs positions dans l'orbite et dans l'espace. — Détermination de l'orbite d'après trois observations complètes. — Détermination d'une orbite d'après quatre observations, dont deux seulement sont complètes. — Détermination d'une orbite satisfaisant le plus près possible à un nombre quelconque d'observations. — Détermination des orbites, en ayant égard aux perturbations. — Tables. — Notes du traducteur. — Méthode d'Olbers pour la détermination des éléments paraboliques d'une comète, au moyen de trois observations complètes.

DUBOIS, professeur à l'école navale impériale. — **ÉTUDE HISTORIQUE SUR LES MOUVEMENTS DU GLOBE.** In-8. 2 fr.

— **L'ANNÉE ASTRONOMIQUE.** Revue annuelle des découvertes, des travaux, des instruments et appareils astronomiques récemment inventés. In-8. Année 1861. 2 fr. 50 c.

DUBREUIL, capitaine de vaisseau. — **MANUEL DE MATELOTAGE ET DE MANŒUVRE,** 5e édition, 1 vol. in-8° accompagné de plusieurs planches gravées. 7 fr.

DU TEMPLE, capitaine de frégate, directeur de l'école des mécaniciens, à Brest. — **COURS COMPLET DE MACHINES A VAPEUR ,** *appareils employés pour la navigation,* ouvrage rédigé suivant le dernier programme officiel pour les différents grades des mécaniciens de la marine impériale. *2e édition* refondue et considérablement augmentée. Un très-fort vol. in-8°, suivi d'une table alphabétique de toutes les matières, avec renvoi aux numéros où elles sont traitées, et accompagné d'un atlas renfermant 27 planches gravées sur acier, ayant chacune sa légende explicative.

Première partie. — Introduction aux éléments de mécanique et de physique.

Seconde partie. — Exposition générale des machines à vapeur marines, description de tous les types, montage, travail et régulation, entretien et réparation.

Ouvrage approuvé par S. Exc. M. le Ministre de la marine. —

— **INSTRUCTIONS SUR L'ENTRETIEN ET LES EXERCICES DE LA MACHINE** à bord des navires armés, broch. 1 fr.

Entretien des machines. — École de la machine. — Mise en marche. — Conduite de la machine. — Conduite des propulseurs. — Allumer et éteindre les feux. — Choix et embarquement du charbon. — Visites aux soutes.

— **DU SCAPHANDRE ET DE SON EMPLOI.** In-8° avec 2 pl. 2 fr.

Circonstances dans lesquelles le scaphandre est d'un grand secours. — Description. — Usage. — Recouvrir le plongeur. — Conseils aux plongeurs. — Travaux sous-marins. — Signaux de convention. — Entretien du scaphandre.

— **RETOURS DES MANŒUVRES COURANTES SUR LE PONT D'UN NAVIRE DE GUERRE ,** représentant le pont d'un navire avec toutes les manœuvres et le nom des cordages y aboutissant. Une grande feuille jésus in-plano. 1 fr. 25 c.

FITZ-ROY (l'amiral). — *Voyez* MOUCHEZ.

FOUQUE. — **NOTICE SUR LE GOUVERNAIL FOUQUE,** adopté par le conseil des travaux de la marine française, ou gouvernail supplémentaire, remplaçant au besoin et instantanément le gouvernail véritable. Rôle et importance du gouvernail. Inconvénients du gouvernail ordinaire. Gouvernail de fortune. Gouvernail de rechange. Modifications et perfectionnements au système primitif. Résumé et conclusion. In-8 accompagné de trois planches gravées. 2 fr.

GARRAUD, capitaine de frégate. — **ÉTUDES SUR LES BOIS DE CONSTRUCTION,** 1 beau vol. in-18 accompagné de figures dans le texte. 3 fr. 50 c.

> Formation de végétaux. — Vie des arbres. — Terrains. — Coupe. — Dessiccation. — Écorcement. — Vices des bois. — Qualités des bois. — Monographie des bois durs, résineux, bois blancs et bois fins. — Cubage des bois en grume, équarris, courbes. — Dendromètre. — Résistance des bois. — Conservation des bois. — Extraction des forêts. — Règles générales de recette des bois de mâture. — Tableau de l'âge moyen des arbres au moment de la coupe la plus avantageuse. — Tableau de la hauteur des arbres, de leur croissance annuelle et des terrains qui leur conviennent. — Tableau représentant les indices qui signalent les défectuosités des bois et l'influence des vices sur l'emploi ou le rejet d'une pièce. — Modèles de marchés avec le ministère de la marine.

GAUSS, astronome. — Voyez DUBOIS.

GIQUEL, professeur d'hydrographie. — **NOTES D'ASTRONOMIE ET DE NAVIGATION,** augmentées d'une nouvelle méthode de latitude et d'observations relatives aux chronomètres et au grossissement des lunettes..1 vol. in-8 avec 2 planches gravées. 5 fr.

GLOTIN, lieutenant de vaisseau. — **ESSAI SUR LES NAVIRES A RANGS DE RAMES DES ANCIENS,** in-8 avec une grande pl. gravée. 1 fr. 50 c.

GRÉHAN, s.-chef au ministère de la marine. — **LA FRANCE MARITIME,** par les auteurs les plus éminents de la littérature, ouvrage publié avec le patronage du ministère de la marine, 4 forts vol. in-4 ornés de 200 magnifiques gravures sur acier. 40 fr.

GRIVEL, capitaine de frégate. — **LA GUERRE DES COTES,** attaque et défense des frontières maritimes, les canons à grande puissance. In-8°. 2 fr.

> La guerre des côtes au temps passé. — Les entrées de vive force et les barrages. — Les siéges maritimes et la nouvelle artillerie à grande puissance. — Les débarquements et le transport des troupes. — Les bombardements maritimes. — La garde des côtes et la défense terrestre des frontières maritimes jusqu'à nos jours. — Défense mobile des ports et rades par la marine. — Organisation de la flotte garde-côte. — Le personnel et le commandement des côtes.

GUEPRATE, docteur ès sciences, directeur de l'observatoire de la marine. —

VADE-MECUM DU MARIN ou **MANUEL DE NAVIGATION**, 2 vol. in-8°, avec figures. . . . . 15 fr.

GUEPRATE, docteur ès sciences, directeur de l'observatoire de la marine. — **PROBLÈMES D'ASTRONOMIE NAUTIQUE ET DE NAVIGATION,** précédés de la description et de l'usage des instruments et suivis d'un recueil de tables nécessaires à ces problèmes, 3 vol. in-8°. . . . 27 fr.

GUILLOUD, professeur de mathématiques. — **THÉORIE GÉNÉRALE DES CALCULS PAR APPROXIMATION,** contenant une formule générale qui exprime l'approximation du résultat d'un calcul quelconque, dont les données ne sont connues que par approximation; diverses formules approximatives, c'est-à-dire substituant un calcul plus simple à un autre, et donnant à peu près le même résultat; avec de nombreux exemples numériques et l'application à la recherche des racines approchées des équations algébriques ou transcendantes, soit par la formule de fausse position, soit par la formule de Newton rectifiée. 1 vol. in-8. . . . . 1 fr. 50 c.

— **CALCULS DES DÉRIVÉES,** contenant l'introduction au calcul différentiel et au calcul intégral, la décomposition des fractions rationnelles, les quadratures, le calcul des différences, les méthodes d'interpolation, les séries, etc. 1 vol. in-8. . . . . 3 fr.

— **COURS DE COSMOGRAPHIE.** 1 vol. in-8 avec planches. . . . 3 fr.

JAL, historiographe de la marine et membre du comité historique des chartes. — **ARCHÉOLOGIE NAVALE.** 2 vol. grand in-8 jésus vélin ornés de 70 vignettes gravées sur bois, **au lieu de 40 fr.** . . . . . 25 fr.

KELLEY, ingénieur, à New-York. — **PROJET D'UN CANAL MARITIME** sans écluse, entre l'océan Atlantique et l'océan Pacifique, à l'aide des rivières Atrato et Truando, précédé d'une introduction sur les différents projets de communication interocéanique proposés jusqu'à ce jour, par M. *V. A. Malte-Brun,* et suivi d'une lettre de M. le baron *A. de Humboldt.* In-8 avec carte. . . . . 3 fr. 50 c.

LAMBERT, professeur d'hydrographie, ancien élève de l'école polytechnique. — **DE LA LOCOMOTION MÉCANIQUE DANS L'AIR ET DANS L'EAU,** in-8 compacte. 5 fr.

LETOURNEUR, lieutenant de vaisseau. — **NOUVEAU GOUVERNAIL DE FORTUNE.** Broch. in-8 accompagnée d'une planche lithographiée. 1 fr. 25 c.

LEVOT, bibliothécaire du port de Brest, et DONEAUD, professeur à l'école navale impériale. — **LES GLOIRES MARITIMES DE LA FRANCE,** biographie des marins, découvreurs, ingénieurs, médecins, hydrographes, etc., les plus célèbres de la marine française, 1 fort vol. in-12.

LAUNAY, chirurgien de la marine, médecin des prisons et du commissariat de l'émigration. — **LE MÉDECIN DU BORD,** à l'usage des capitaines et des officiers de la marine marchande. Un vol. in-12. . . . . 2 fr. 50 c.

Règles générales pour l'examen et le traitement des malades. — Médicameuts contenus dans le coffre, comprenant un numéro d'ordre, le nom du médicament, les quantités exigées suivant le nombre d'hommes d'équipage, la dose et la manière d'administrer. — Médicaments contenus dans le coffre, leurs doses, leur mode d'administration, leurs usages. — Formulaire, ou recettes diverses que l'on peut préparer avec les médicaments contenus dans le coffre.—De quelques ressources pour les malades, que l'on trouve en cours de voyage en dehors du coffre. —Observations sur les quantités de certains médicaments et sur les divisions de quelques autres.

LEWAL, capitaine de frégate. — **TRAITÉ PRATIQUE D'ARTILLERIE NAVALE,** 3 vol. grand in-8 avec figures dans le texte et accompagnés de dix-sept grandes planches gravées, dont plusieurs imprimées en couleurs.

Tome 1. — Sabords. — Champ de tir. — Appareil de pointage. — Écouvillons. — Gargousses. — Inflammations accidentelles. — Culots et crasses. — Dégradation des lumières. — Valets. — Étoupilles à friction. — Installation des vaisseaux anglais. — Données d'expérience sur le tir. — Mesure des distances. — Déviations des projectiles dues à la vitesse du navire. — Passages des poudres et des projectiles.

Accompagné de 8 grandes planches gravées et de figures dans le texte. 20 fr.

Tome 2. — Pointage et chargement des pièces de mer. — Manœuvres, exercices et tirs des batteries, des gaillards des vaisseaux. — Instruction d'une deuxième batterie de vaisseau. — Instruction d'une première batterie de vaisseau armée de canons rayés.

Manœuvres des pièces d'embarcations et des batteries de canons rayés de 4 employées à terre. — Manœuvres de force à bord et à terre. — Données d'expérience sur la manœuvre et le tir des bouches à feu marines.

Accompagné d'une planche. 8 fr.

Tome 3. — Tir convergent. — Tir précipité. — Tir à ricochet.

Historique des travaux relatifs au tir convergent en France et en Angleterre. — Exposition du système du tir convergent. — Expériences de 1856. — Discussion du système et des résultats obtenus. — Expériences de 1859. — Adoption réglementaire de la méthode. — Principes d'exécution du tir précipité. — Expériences de 1857. — Discussion. — Application. — Installation. — Examen des principes et des règles du tir à ricochet. — Justesse du tir : données d'expérience sur les déviations. — Données d'expérience sur le ricochet du projectile sphérique. — Angles de chute, angles de réflexion, perte de vitesse. — Données d'expérience sur le tir ricoché.

Accompagné de nombreuses figures intercalées dans le texte et d'un atlas renfermant 8 planches imprimées en couleurs. 20 fr.

NOTA. — Chaque volume se vend séparément.

— **TACTIQUE DES COMBATS DE MER.** 1 très-fort vol. grand in-8 accompagné de nombreuses figures dans le texte.

Introduction. — Historique des principaux combats de mer. — Bâtiments isolés. — Bâtiments réunis en escadres. — Méthode d'attaque et de défense. — Évolutions, manœuvres, emploi de l'artillerie et de la mousqueterie. — Principe d'évolution des navires à hélice. — Bâtiments cuirassés et artillerie à grande puissance chez les diverses nations maritimes. — Principes de combat.

LISSIGNOL, ingénieur de plusieurs compagnies de navigation à vapeur. — **LES ACCIDENTS DE MER,** moyens de les prévenir et nécessité d'une réforme dans la police maritime, 1 vol. in-8. 3 fr. 50 c.

LIVRE DE CONSOMMATION DES PROVISIONS à l'usage de MM. les officiers chargés de la comptabilité des provisions à bord des navires du commerce, 1 vol. in-4. 2 fr. 50

MERLIN, maître voilier, chargé de la voilerie à Toulon. — **TRAITÉ PRATIQUE DE VOILURE,** ou exposé des méthodes simples et faciles pour calculer et couper toutes espèces de voiles, 1 vol. in-8, avec figures dans le texte, et accompagné de nombreux tableaux, des qualités de toile, des grosseurs de ralingues, de coupes de laizes, de toiles, etc., etc., et de 7 grandes planches-gravées. 5 fr.

> **Première partie.** — Du plan de voilure et de ce qui est relatif aux dimensions des voiles.
> **Deuxième partie.** — Du tracé et de la coupe des voiles.
> **Troisième partie.** — Confections, réparations et modifications des voiles.

MEUNIER-JOANNET, professeur à l'école navale impériale. — **COURS ÉLÉMENTAIRE D'ANALYSE** à l'usage de la marine, contenant un très-grand nombre d'applications. 1 vol. grand in-8º, avec de nombreuses figures dans le texte. 10 fr.

> Tableau des formules de trigonométrie. Complément de géométrie et d'algèbre. Notions de géométrie analytique. Éléments de calcul différentiel et intégral. Équations diverses et applications. Géométrie à trois dimensions.
> *Ouvrage approuvé par S. Exc. M. le Ministre de la marine.*

— **COURS D'ALGÈBRE ET DE TRIGONOMÉTRIE** à l'usage des écoles d'hydrographie pour les aspirants au long cours, rédigé d'après le dernier programme. 1 vol. in-8, fig. dans le texte. 5 fr. 50 c.

NOTICE SUR LES MÉCANICIENS ET OUVRIERS CHAUFFEURS DE LA FLOTTE, résumé des conditions d'admission, d'avancement, de solde et de retraite attribuées aux divers grades, brochure in-8. 40 c.

> *Publiée par le Ministère de la marine.*

NOTIONS SUR LA CHALEUR, à l'usage des mécaniciens de la flotte, contenant les principes dont ils peuvent avoir besoin dans leur service journalier ; explications, phénomènes, calorimétrie, combustion, tables diverses, etc., etc., in-8. 3 fr.

MOTTEZ, capitaine de frégate. — **RÉFLEXIONS SUR DIFFÉRENTS POINTS DE THÉORIE DU NAVIRE,** brochure in-8. 50 c.

MOUCHEZ, capitaine de frégate, et MAC CLEOD, professeur d'anglais au Borda. — **LE LIVRE DU TEMPS,** manuel pratique de météorologie à l'usage des marins ; ouvrage traduit du *the Wather book* de l'amiral *Fritz-Roy.* 1 vol. in-8, avec une planche gravée.

NORMAND (J. A.), constructeur de navires. — **MÉMOIRE SUR L'APPLI-CATION DE L'ALGÈBRE AUX CALCULS DE CONSTRUCTION DES BATIMENTS DE MER,** in-8, avec planches gravées. 1 fr. 75 c.

Exposé d'une méthode nouvelle pour déterminer à priori les éléments principaux des bâtiments de mer. 1 fr. 75 c.

Formules approximatives, pouvant servir à calculer : l'acuité longitudinale de la carène, — la distance du centre de déplacement en arrière du centre de longueur, — la distance du même centre à la flottaison, la hauteur du métacentre latitudinal au-dessus du centre de déplacement, — la hauteur du métacentre longitudinal au-dessus du même centre, — la surface de flottaison, — la surface de la coque, la surface de la carène.

Applications de la méthode. Résolutions de quelques-uns des problèmes qui peuvent se présenter à l'étude des constructeurs.

PAGEL, capitaine de frégate. — **TACTIQUE NAVALE POUR LES NA-VIRES A VAPEUR,** définitions, évolutions par contre-marche, par conversion; règles générales à suivre, comparaison des deux genres d'évolution, changement de route, etc., etc. Broch. in-8, avec une planche gravée. 1 fr.

PARIS, vice-amiral, directeur général du dépôt des cartes et plans de la marine, membre de l'Institut (Académie des sciences). — **DICTIONNAIRE DE MARINE A VOILES ET A VAPEUR,** *seconde édition* augmentée et complétement refondue; 2 vol. grand in-8, papier jésus, accompagnés de 24 planches gravées. 40 fr.

VOLUME DE LA MARINE A VOILES.	VOLUME DE LA MARINE A VAPEUR.
Organisation militaire et administrative;	Propriétés physiques de la chaleur et de la vapeur, tables;
Législation et pénalité;	Nature et propriété des métaux, tables;
Droit international et maritime;	Combustibles, leur qualité, leur emploi;
Arsenaux et ateliers;	Description des machines à vapeur;
Personnel et matériel;	Détail de toutes leurs pièces;
Construction et lancement;	Chaudières, foyers, cheminées, chauffage;
Arrimage, chargement et installation;	Outils divers pour les machines;
Gréement, mâture et voilure;	Fonderies, forges, tour, ajustage;
Armement et équipement;	Confection et montage des machines;
Amarrage à l'ancre;	Conduite, dressage et entretien des machines;
Manœuvres et circonstances de mer;	Propulseurs, hélices, roues à aubes;
Artillerie, canonnage et armes de combat;	Navires à vapeur, mixte et en fer;
Bâtiments européens et extra-européens;	Navigation par la vapeur;
Tactique navale et ordres divers;	Machines à vapeur combinées;
Notions astronomiques et météorologiques;	Machines à air chaud;
Hydrographie, géodésie, cartes et instruments nautiques;	Notices historiques sur les principaux inventeurs;
Hygiène, police et discipline;	Vocabulaire anglais-français des termes principaux de la marine à vapeur.
Expressions familières et figurées;	
Détails particuliers et généraux relatifs à la marine à voiles de l'État et du commerce;	
Vocabulaire anglais-français des termes principaux de la marine à voiles.	

Les deux volumes ensemble, 40 francs.

Le *Dictionnaire de marine à voiles,* accompagné de 7 planches gravées. 20 fr.	Le *Dictionnaire de marine à vapeur,* accompagné de 17 planches gravées. 22 fr.

Ouvrage publié sous les auspices de S. Exc. M. le Ministre de la marine.

—**L'ART NAVAL,** état actuel de la marine, description et discussion détaillées des derniers perfectionnements apportés tant dans la construction que dans les machines les plus modernes, 1 vol. in-4 suivi d'une grande table alphabétique de tous les articles et de toutes les figures avec renvoi aux numéros où ils sont traités et accompagné d'un bel atlas renfermant 21 planches in-folio gravées.   20 fr.

> Navires cuirassés. — Blindages. — Construction. — Tactique de combat. — Paquebots. — Embarcations, voilures et détails divers. — Machines marines. — Propulseurs. — Artillerie nouvelle.

PARIS, vice-amiral, membre de l'Institut (Académie des sciences). — **SUPPLÉMENT A L'ART NAVAL, OU DERNIÈRES INVENTIONS MARITIMES**, d'après des documents récents. In-8 accompagné d'une table alphabétique des matières avec renvoi aux numéros, et de onze grandes planches gravées.   4 fr. 50 c.

> Navires à tourelle du capitaine Coles. — Navires à tourelle américains. — Navires partiellement cuirassés de M. Reed. — Navires à réduit central du capitaine Symonds. — Manœuvre mécanique des canons, par le capitaine Cunningham. — Canon sous-marin du capitaine Coles. — Le Royal-Sovereign. — L'Entreprise. — Dernières constructions. — Dernières expériences, etc., etc.

— **CATÉCHISME DU MARIN ET DU MÉCANICIEN A VAPEUR**, ou traité des machines à vapeur marines, de leur montage, de leur conduite, de la réparation de leurs avaries ; 2ᵉ édition augmentée de la manœuvre des navires à roues à aubes ou à hélice, et d'une grande table alphabétique de tous les articles, avec renvoi aux numéros où ils sont traités. In-8 grand raisin avec de nombreuses figures dans le texte.   16 fr.
Ouvrage publié sous les auspices de S. Exc. M. le Ministre de la marine.

— **APPENDICE AU CATÉCHISME DU MARIN ET DU MÉCANICIEN A VAPEUR**, ou guide théorique du candidat au long cours, rédigé conformément au dernier programme, et description de divers appareils à vapeur marins avec toutes leurs pièces. In-8 accompagné de 10 planches gravées, avec plusieurs figures sur bois.   3 fr. 50 c.

— **TRAITÉ DE L'HÉLICE PROPULSIVE.** 1 vol. in-8 jésus de 580 pages, avec 9 grands tableaux et figures dans le texte, suivi d'une table alphabétique de tous les articles, avec renvoi aux numéros où ils sont traités, accompagné de 16 grandes planches gravées.   22 fr.
Ouvrage publié sous les auspices de S. Exc. M. le Ministre de la marine.

— **UTILISATION ÉCONOMIQUE DES NAVIRES A VAPEUR**, moyens d'apprécier les services rendus par le combustible suivant la vitesse et la dimension des navires. 1 vol. grand in-8 accompagné de 25 tableaux et 12 grandes planches gravées, exposant les résultats des expériences et du service à la mer des navires.   8 fr.

— **MANŒUVRIER COMPLET** ou traité des manœuvres de mer et du gréement, à bord des bâtiments à voiles et à vapeur ; par MM. le baron *de Bonnefoux* et *E. Pâris.* 1 vol. in-8 de 580 pages avec figures dans le texte.   7 fr.

> *Ouvrage rédigé d'après le dernier programme pour servir au brevet de capitaine au long cours et maître au cabotage.*

PARIS, vice-amiral, directeur général du dépôt des cartes et plans de la marine, membre de l'Institut (Académie des sciences). — **ESSAI SUR LA CONSTRUCTION NAVALE DES PEUPLES EXTRA-EUROPÉENS,** ou collection des navires et pirogues construits par les habitants de l'Asie, de la Malaisie, du grand Océan et de l'Amérique, mesurés et dessinés par M. *Páris*, pendant ses voyages autour du monde, à bord des bâtiments de l'État *l'Astrolabe, la Favorite* et *l'Artémise*. 1 fort vol. in-folio jésus vélin, de 160 pages de texte et 130 planches.   200 fr.

Ouvrage publié par ordre de S. Exc. M. le Ministre de la marine.

— **INSTRUCTIONS SUR LA MANŒUVRE DES CANOTS** naviguant avec grosse mer dans les brisants, accompagnées de renseignements pratiques à l'usage des marins des navires marchands ou des patrons de canots et suivies des moyens de faire revenir les noyés.   50 c.

— **VOCABULAIRES DES TERMES DE LA MARINE A VAPEUR :**

Allemand-français,	Italien-français,
Danois-français,	Russe-français,
Espagnol-français,	Suédois-français,
Hollandais-français,	

publiés sous la direction de M. *Páris*, contre-amiral, par des officiers et des commissions nommées à cet effet d'après les ordres du ministre de la marine de ces différents pays.

Chaque vocabulaire forme une brochure grand in-8 jésus.   1 fr. 25 c.

POUGET, capitaine de frégate. — **PRÉCIS HISTORIQUE SUR LA VIE ET LES CAMPAGNES DU VICE-AMIRAL COMTE MARTIN** pendant les années 1764 à 1797. In-8 orné de plusieurs planches.   6 fr.

REECH, directeur de l'école du génie maritime. — **MÉMOIRE SUR LES MACHINES A VAPEUR** et leur application à la navigation. Un vol. in-4 accompagné d'un grand atlas in-folio.   30 fr.

Faits d'expérience. — Théorie ordinaire. — Des machines à haute pression. — Des explosions et des dépôts salins ou terreux dans les chaudières. — De l'emploi des roues à aubes. — De la forme des bateaux à vapeur et de leurs dimensions absolues. — Des perfectionnements généraux à apporter dans le mécanisme.

— **MACHINES DU BRANDON.** Rapport à l'appui du projet des machines du Brandon, dressé en exécution d'une dépêche ministérielle. 1 vol. in-4.   15 fr.

— **RÈGLEMENTS ET RENSEIGNEMENTS UTILES AUX CAPITAINES** et aux officiers de la marine marchande, contenant : obligations à remplir, signaux et entrées des bassins, objets d'armement, règlement d'arrimage, feux et signaux, composition du tonneau, rations des équipages, pensions de retraite, etc., etc., in-12.   1 fr. 50 c.

REYNEVAL. — **DE LA LIBERTÉ DES MERS.** 2 vol. in-8 avec une table alphabétique.   10 fr.

SÉBILLOT, ingénieur civil. — **DES CONDENSEURS PAR SURFACES** et de l'application des hautes pressions à la navigation à vapeur, in-8 accompagné de 3 planches gravées.   3 fr. 50 c.

Nécessité des hautes pressions pour la navigation à vapeur. — Condenseurs tubulaires de divers systèmes. — Des moyens de rendre pratique la condensation par surfaces. — Des machines marines à haute pression. — Des chaudières marines à haute pression. — Étude comparative des principaux éléments des machines à haute pression et des machines actuelles. — Conséquences générales de l'emploi des hautes pressions sur mer. — Résumé et conclusions.

TAPIÉ, professeur de mathématiques, ancien officier de marine. — **GUIDE PRATIQUE DU NAVIGATEUR**, contenant 1.º les modèles de tous les calculs astronomiques usités à la mer, avec notes dans le texte, expliquant la manière d'opérer dans tous les cas particuliers; 2.º la carte du ciel; 3º une notice donnant la description et la position des principales constellations; 4º des tables pour faciliter les calculs les plus usuels, des tables pour faire le point, etc., etc. In-4 avec planches.   5 fr.

Opérations sur les nombres sexagésimaux. — De l'estime. — Du point. — Connaissance des temps. — Correction des hauteurs. — Passage au méridien. — Levers et couchers des astres. — Aurore et crépuscule. — Passage au premier vertical. — Cas où l'angle de position est droit. — Variation du compas. — Problèmes sur les chronomètres. — Des longitudes et des latitudes. — Connaissance du ciel.

TOUSSAINT, avocat au Havre. — **CODE MANUEL DES CAPITAINES ET ARMATEURS DE LA MARINE MARCHANDE**, ou résumé de leurs droits et de leurs devoirs à terre et en cours de voyage dans leurs rapports avec le commerce et les administrations de la marine, des douanes et des contributions indirectes, suivi d'un répertoire alphabétique de toutes les matières avec renvoi aux numéros où elles sont expliquées. 1 très-fort vol. grand in-8.   12 f.

Du capitaine maître ou patron. — Des pilotes lamaneurs. — Règles auxquelles est soumise l'existence des navires. — Contrats auxquels peuvent donner lieu les navires. — Organisation de l'inscription maritime. — Classement des gens de mer.—Obligations et priviléges des gens de mer inscrits. — De la nomination du capitaine et de ses devoirs pour l'armement. — Affrétement et nolisement du navire. — Contrats et assurance du navire et du chargement. — Formalités relatives à l'expédition du navire. — Pièces dont le capitaine doit être muni à son départ. — De la sortie du port et du pilotage. — Responsabilité du capitaine et de l'armateur. — Armements pour la pêche de la morue, baleine et autres poissons. — Des convois et escortes. — Armements en course. — De l'émigration. — Des mers en temps de paix et en temps de guerre. — Discipline à bord. — Accidents qui arrêtent le voyage ou y mettent fin. — Des épaves. — Douanes dans les colonies. — Poids et monnaies des colonies. — Police des rades. — Retour des colonies. — Des consuls français. — Traités entre la France et les puissances étrangères. — Police des rades. — Police sanitaire. — Du rapport de mer. — Formalités relatives au déchargement et au payement des droits de douane. — Règlement des avaries. — Désarmement du navire. — Gages de l'équipage. — Droits de navigation.

VIEL, dessinateur au ministère de la marine. — **CONSTRUCTION DES BATIMENTS DE MER ;** tracé, calculs de déplacement, stabilité hydrostatique, description et tracé d'une hélice à deux ailes doubles, surface de voilure, dimensions, nombre de bouches à feu et effectif de l'équipage de tous les types des bâtiments à vapeur, des canonnières et des batteries cuirassées. In-8 grand raisin accompagné de 34 planches gravées. *Seconde édition revue et augmentée de texte et de planches.*   15 fr.

Construction de l'échelle métrique. — Tracé d'un bâtiment et exécution des pièces les plus difficiles qui entrent dans sa construction. — Tracé intérieur de la membrure. — Arcasse. — Couples dévoyés. — Encolures des barres. — Pièce de tour. — Estains. — Cornière et barre de hourdi représentées en perspective. — Établissement de plusieurs ponts les uns au-dessus des autres.

Tableaux de déplacement d'une frégate à vapeur. — Application des formules de déplacement à des corps réguliers. — Exposant de charge. — Métacentres. — Expériences de stabilité. — Règlements de mâture. — Calculs du point vélique. — Formules de jaugeage. — Poids déterminé par suspension sur couteaux. — Réduction des mesures anciennes en parties décimales du mètre.

Tracé et boisage de la partie arrière des bâtiments poupes rondes. — Tracé et exécution des couples cylindriques. — Coupe transversale au maître-couple d'un vaisseau de premier rang, à vapeur, et nomenclature de pièces figurées dans cette description.

Tableau général donnant les dimensions, calculs de déplacement et stabilité, surfaces de voilure, nombres de bouches à feu et effectifs de tous les types des bâtiments à vapeur, des canonnières et des batteries cuirassées.

Ouvrage publié avec l'autorisation de S. Exc. M. le Ministre de la marine.

SOUSCRIPTION PERMANENTE.

A UN FRANC LA LIVRAISON.

DICTIONNAIRE

DE

MARINE A VAPEUR

PAR

M. LE VICE-AMIRAL PÂRIS

Directeur général du dépôt des cartes et plans de la marine,
Membre de l'Institut (Académie des sciences).

NOUVELLE ÉDITION

Propriétés physiques de la chaleur et de la vapeur, tables.

Nature et propriété des métaux, tables.

Physique et chimie appliquées.

Combustibles, leur qualité, leur emploi.

Conduite des feux et surveillance.

Forges et métallurgie.

Types de toutes les machines à vapeur.

Puissance des machines à vapeur.

Description des machines à vapeur.

Détail de toutes leurs pièces.

Chaudières, foyers, cheminées, chauffage.

Outils divers pour les machines.

Fonderies, tour, ajustage.

Machines-outils.

Confection et montage des machines.

Conduite, dressage et entretien des machines.

Appareils destinés à modérer la puissance des machines.

Mécanismes de changement de marche.

Roues à aubes, pales fixes et articulées.

Hélices, construction graphique et formes différentes.

Accessoires de l'hélice et détails.

Hélices fixes, hélices amovibles.

Pompes, leurs diverses espèces.

Avaries et réparations.

Batteries flottantes et navires cuirassés.

Navires à vapeur, mixte et en fer.

Navigation par la vapeur.

Machines à vapeur combinées.

Machines à air chaud.

Notices historiques sur les principaux inventeurs.

Cette nouvelle édition forme un très-fort volume in-8° de jésus accompagné de 19 grandes planches gravées sur acier.

Elle est publiée en 22 livraisons.

Prix de chaque livraison, **UN FRANC.**

Paris. — Imp. de madame Vᵉ Bouchard-Huzard, rue de l'Éperon, 5.